सचिन तेंदुलकर
प्रश्नोत्तरी

ज्ञान का विश्वकोश : प्रश्नोत्तरी श्रृंखला

- 1000 स्वामी विवेकानंद प्रश्नोत्तरी
- 1000 गांधी प्रश्नोत्तरी
- 1000 कलाम प्रश्नोत्तरी
- 1000 जीव-जंतु प्रश्नोत्तरी
- 1000 भूगोल प्रश्नोत्तरी
- 1000 इतिहास प्रश्नोत्तरी
- 1000 स्वाधीनता संग्राम प्रश्नोत्तरी
- 1000 हिंदी साहित्य प्रश्नोत्तरी
- 1000 खेलकूद प्रश्नोत्तरी
- 1000 गणित प्रश्नोत्तरी
- 1000 भौतिक विज्ञान प्रश्नोत्तरी
- 1000 रसायन विज्ञान प्रश्नोत्तरी
- 1000 पर्यावरण प्रश्नोत्तरी
- 1000 खगोल विज्ञान प्रश्नोत्तरी
- 1000 विज्ञान प्रश्नोत्तरी
- 1000 महापुरुष प्रश्नोत्तरी
- 1000 भारतीय संस्कृति प्रश्नोत्तरी
- 1000 रामायण प्रश्नोत्तरी
- 1000 महाभारत प्रश्नोत्तरी
- 1000 फिल्म प्रश्नोत्तरी
- 1000 राजनीति प्रश्नोत्तरी
- 1000 हिंदू धर्म प्रश्नोत्तरी
- 1000 संविधान प्रश्नोत्तरी
- 1000 संगीत प्रश्नोत्तरी
- 1000 समाजशास्त्र प्रश्नोत्तरी
- 1000 भारत ज्ञान प्रश्नोत्तरी
- 1000 हिंदी वस्तुनिष्ठ प्रश्नोत्तरी
- 1000 कंप्यूटर-इंटरनेट प्रश्नोत्तरी
- 1000 वास्तुशास्त्र प्रश्नोत्तरी
- 1000 सामान्य ज्ञान प्रश्नोत्तरी
- 1000 अर्थशास्त्र प्रश्नोत्तरी
- 1000 पत्रकारिता एवं जनसंचार प्रश्नोत्तरी
- सचिन तेंदुलकर प्रश्नोत्तरी
- अंतरिक्ष प्रश्नोत्तरी
- डायबिटीज प्रश्नोत्तरी
- स्वास्थ्य प्रश्नोत्तरी
- 1000 दिल्ली प्रश्नोत्तरी
- 1000 उत्तराखंड प्रश्नोत्तरी
- 1000 मध्य प्रदेश प्रश्नोत्तरी
- 1000 बिहार प्रश्नोत्तरी
- 1000 झारखंड प्रश्नोत्तरी
- 1000 उत्तर प्रदेश प्रश्नोत्तरी

सचिन तेंदुलकर प्रश्नोत्तरी

सुवम पाल

भूमिका

बोरिया मजूमदार

प्रभात पेपरबैक्स
प्रभात प्रकाशन
ISO 9001 : 2008 प्रकाशक का उद्यम
www.prabhatbooks.com

प्रकाशक

प्रभात पेपरबैक्स

4/19 आसफ अली रोड, नई दिल्ली–110002

फोन : 23289555 • 23289666 • 23289777 ❖ फैक्स : 23253233

इ–मेल : prabhatbooks@gmail.com ❖ वेब ठिकाना : www.prabhatbooks.com

संस्करण

प्रथम, 2012

अनुवाद

भविष्य कुमार सिन्हा

मूल्य

पंचानबे रुपए

अ.मा.पु.स. 978-93-5048-214-8

मुद्रक

भानु प्रिंटर्स, दिल्ली

SACHIN TENDULKAR PRASHNOTTARI

by Suvam Pal

Rs. 95.00

Published by **Prabhat Paperbacks** (A Division of Prabhat Prakashan)
4/19 Asaf Ali Road, New Delhi-2
by arrangement with Harper Collins Publishers India

ISBN 978-93-5048-214-8

मुझे प्रेरित करनेवाले
अर्णब गोस्वामी
को

भूमिका

100अंतरराष्ट्रीय शतक जड़ने, द्वितीय स्थान प्राप्त रिकी पोंटिंग के शतकों की संयुक्त संख्या से 25 शतक अधिक बनाने का गौरव हासिल करने के पश्चात् अब यह बहस हमेशा के लिए ठंडी पड़ गई है कि महानतम कौन है ? अगर सर डोनाल्ड का औसत टेस्ट क्रिकेट में 99.94 था तो सचिन के खाते में लगभग 100 अंतरराष्ट्रीय शतक जमा हैं। इस अविश्वसनीय संख्या में अगर आप 32,000 से अधिक अंतरराष्ट्रीय रन, 100 से अधिक कैच, क्रिकेट को जी-जान से अधिक चाहनेवाले 100 करोड़ से अधिक की आबादीवाले राष्ट्र से 21 वर्षों के अनवरत दबाव को भी जोड़ दें तो एक ऐसे महान् खिलाड़ी का व्यक्तित्व आँखों के सामने उभरता है, जिसे क्रिकेट जगत् ने पहले कभी नहीं देखा और शायद अगले कुछ दशकों तक भी नहीं देख पाएगा। सारी बातों के बावजूद सचिन पूरे हौसले के साथ गजब की गति से आगे बढ़े चले जा रहे हैं। रनों का अंबार लगाने की, कभी समाप्त न होनेवाली भूख हमारे इस महानतम क्रिकेट खिलाड़ी को हर दिन मैदान में डटे रहने के लिए उकसा रही है। लगता है, जैसे शतक बनाना बहुत आसान हो गया है। इस बात का श्रेय निस्संदेह सचिन को जाता है कि वह क्रिकेट को दिखने में बहुत आसान बनाने में लगे हुए हैं, जिससे कि साधारण लोगों को भी यह एहसास हो कि वे भी क्रिकेट उसी तरह खेल सकते हैं जैसे सचिन खुद खेलते हैं।

सचिन को वास्तव में 1,300 दिनों से अधिक अंतरराष्ट्रीय क्रिकेट खेलने का यश प्राप्त है। यह आँकड़ा किसी भी समकालीन खिलाड़ी के बदन में सिहरन पैदा करने के लिए काफी है। इस पर भी उनका यह कहना है कि वह एक बार फिर 50 ओवर के किसी मुकाबले में पूरे 50 ओवर तक बल्लेबाजी करना चाहेंगे । उनकी

इस टिप्पणी से ही पता चलता है कि वह किस मिट्टी के बने हैं।

जो कुछ भी हासिल करना था, वह सब प्राप्त कर लेने के बाद भी सचिन तेंदुलकर को क्या चीज निरंतर धकेलती रहती है? हाँ, उन्हें क्रिकेट से प्यार है और जीवन में किसी अन्य चीज़ के बारे में उन्हें शायद ही कुछ पता हो; लेकिन कुछ ऐसे अधूरे सपने अवश्य होंगे, जिन्हें पूरा करने की ओर वह सदैव उत्कंठित रहते हैं। अपना 38वाँ जन्मदिन मनाने की तैयारी के क्षणों में भी लगता है, उनके सिर पर उन्हीं सपनों को पूरा करने की धुन सवार है।

क्रिकेट जगत् में हासिल की गई उपलब्धियों के अपने भंडार में सचिन और क्या जोड़ना चाहेंगे—अगर इस दृष्टि से देखा जाए तो उनकी तीन इच्छाएँ प्रमुख हैं। पहली और सबसे प्रमुख इच्छा सन् 2011 का विश्व कप जीतना थी। वर्ल्ड कप क्रिकेट में लगभग 2,000 रन बनाने और भारत को सन् 2003 में रजत पदक हासिल करने के निकट लाने के बाद (उस वर्ष उन्होंने कुल 673 रनों के साथ 'मैन ऑफ द टूर्नामेंट' का खिताब प्राप्त किया। वर्ल्ड कप प्रतियोगिता में यह अब तक का सर्वाधिक स्कोर था।) देशभक्त सचिन अब पुन: चमकाए गए वानखेड़े स्टेडियम में अपने नगरवासियों की अपार भीड़ के सामने अपना वह चरम लक्ष्य प्राप्त किया, जिसे पाने की उन्हें तीव्र उत्कंठा थी। उनके क्रिकेट गीयर पर एक नजर डालें तो पता चल जाएगा कि वह किसके लिए खेलते हैं। उनके हेलमेट पर सदैव तिरंगा अर्थात् राष्ट्र-ध्वज दिखाई देता है। उनके दस्ताने विशेष रूप से भारतीय ध्वज के रंगोंवाले होते हैं और उनके क्रिकेट संदूक पर सदैव भारतीय ध्वज का निशान होता है। अंतत: जब आप उनके मुख से यह अमर वाणी सुनते हैं, ''मेरा नाम सचिन तेंदुलकर है और मैं भारत के लिए खेलता हूँ।'' तो सारी बहस हमेशा के लिए वहीं समाप्त हो जाती है। स्पोर्ट में जिस तरह चरमोत्कर्ष पर पहुँचकर हर महान् खिलाड़ी के जीवन में विराम लग जाता है, तेंदुलकर का क्रिकेट कैरियर भी दो या तीन वर्ष में समाप्त हो जाएगा। तथापि, उनकी लंबी पारी की समाप्ति बिलकुल अलग ढंग की होगी। क्रिकेट से जब वह संन्यास ले लेंगे, भारत का यह चहेता खेल उनके बिना बहुत फीका पड़ जाएगा। यह कुछ ऐसा होगा जैसा पहले कभी नहीं हुआ। अत: इस समय यही उचित होगा कि वह जो भी पारी खेलें, हम उसका भरपूर आनंद उठाएँ और उनके द्वारा पकड़े गए हर 'कैच' का जश्न मनाएँ।

यह अनुमान लगाया जा सकता है कि पाँच विश्व कप में भाग ले चुके इस महारथी के लिए सन् 2011 का विश्व कप अंतिम होगा। हालाँकि सहवाग जैसे कुछ खिलाड़ियों का मानना है कि सचिन सन् 2015 की विश्व कप स्पर्धा में भाग लेने

तक मैदान में टिके रहने की क्षमता रखते हैं, फिर भी यह बात क्रिकेट के सर्वकालीन महानतम प्रतिभाशाली व्यक्ति के नजरिए से भी अव्यावहारिक प्रतीत होती है और जो बात महत्त्व रखती है वह यह है कि सन् 2011 में सचिन के पास वह टीम है, जो चाँदी की उस ट्रॉफी को जीतने की वास्तविक संभावना रखती है। इस टीम में करिश्माई बल्लेबाजी और धारदार गेंदबाजी करने की क्षमता है और साथ में टीम के हर सदस्य के दिल में यह जज्बा भी है कि उन्हें अपनी टीम में शामिल क्रिकेट के इतिहास-पुरुष के सपने को साकार करने के लिए विजयी होना है।

मैं अपने मन की लहर को थोड़ा और तूल देना चाहता हूँ। 97 शतकों के साथ, हो सकता है कि सचिन वर्ल्ड कप में अपना 100वाँ शतक बनाने में कामयाब हो जाएँ। तेंदुलकर के 100वें शतक के साथ विश्व कप पर कब्जा करना—अगर यह सपना सच हो जाता है तो भारतीय प्रशंसक अपना आखिरी डॉलर तक त्याग सकते हैं। विश्व कप के कुछ ही समय बाद भारतीय टीम विदेशी धरती पर एक बहुत ही कठिन टेस्ट शृंखला खेलने के लिए इंग्लैंड के दौरे पर चली जाएगी।

एंड्रयू स्ट्रॉस की कप्तानी में इंग्लैंड की टीम ऑस्ट्रेलिया को पहले ही पराजित कर चुकी है और एशेज पर उनके पुनः कब्जा कर लिया है तथा अफ्रीका में एक सीरीज को हार-जीत के बिना निपटा दिया है। अगर हलके तौर पर भी लिया जाए, तब भी वे अपने ही मैदान पर एक कड़ी चुनौती साबित हो सकते हैं। इंग्लैंड की टीम भी कुछ कम नहीं है। उसमें ग्रेम स्वान जैसे उच्चतम क्वालिटी के स्पिनर अर्थात् मंद गति के गेंदबाज हैं और वे अंधभक्त बार्मी आर्मी के सामने निश्चय ही एक कड़ा मुकाबला देना चाहेंगे और शायद सचिन भी अपनी दूसरी अधूरी तमन्ना यहाँ पूरी करना चाहेंगे—लॉर्ड्स के मैदान में एक शतक; लॉर्ड्स जिसे दुनिया भर में क्रिकेट के सच्चे प्रेमियों द्वारा 'क्रिकेट का मक्का' माना जाता है।

पिछली बार जब सन् 2007 में भारत लॉर्ड्स में खेलने गया था, एमसीसी के सैकड़ों सदस्य वहाँ पहुँचे थे, जो सचिन को शतक बनाते देखना चाहते थे। सेंट जॉन वुड ट्यूब स्टेशन से बाहर कदम रखते ही आप इस बारे में लोगों को फुसफुसाते हुए सुन सकते थे, चाहे वे मधुशाला में बैठकर शैंपेन का मजा ले रहे हों या कोरोनेशन गार्डंस में हों। इंग्लैंड जीते या हारे, वे हर हाल में सचिन का नाम लॉर्ड्स के प्रतिष्ठा फलक पर देखना चाहते थे और जब मोंटी पनेसर ने सचिन को पगबाधा (एल.बी.डब्ल्यू.) के जाल में फँसा दिया, लंबे कक्ष में बैठे लोगों को तगड़ा झटका लगा और वे विश्वास नहीं कर पा रहे थे। जैसा कि एक सदस्य ने बाद में बताया, "जब सचिन भारतीय ड्रेसिंग रूम में जाने के लिए हमारे पास से गुजरे, लंबे कक्ष में

बैठे सभी लोग उनको शाबाशी देने के लिए उठ खड़े हुए। नुकसान आखिर हमारा ही था। सचिन का नाम प्रतिष्ठा फलक पर देखने के लिए हम कोई भी कीमत चुका सकते थे।'' बहुत कम लोगों ने यह उम्मीद की होगी कि सचिन को अपना सपना पूरा करते हुए देखने का एक और अवसर उन्हें प्राप्त होगा और इस समय सचिन को हम एक नए अवतार में देख रहे हैं; हमारे सामने वह सचिन है, जिसने अपनी कला और अपनी प्रतिभा को उसी रूप में पुनः खोज निकाला है जैसा वे चाहते हैं और जो केवल वही कर सकते हैं। जिस ढंग से आज वह खेल रहे हैं, अगर उसी को भावी घटनाक्रम का संकेत मानकर चलें तो खड़े होकर जय-जयकार करने का एक और अवसर 'लॉन्ग रूम' को प्राप्त होगा। वह अवसर सन् 2007 में मिली निराशा का नहीं होगा बल्कि उस महानतम क्रिकेट खिलाड़ी के लिए जश्न मनाने का होगा, जो कभी क्रिकेट खेला करता था।

अंततः भारत दिसंबर 2011 में एक और किले को फतह करने के लिए जानेवाला है, जिसे स्टीव वॉ का गढ़ कहा जा सकता है। इस अंतिम सीमा को बेधने के बाद भारत की टीम निर्विवाद रूप से टेस्ट क्रिकेट में नंबर एक कहलाएगी। यह ऑस्ट्रेलिया ही है, जो सन् 1992 से सचिन के लिए आनंदप्रद आखेट का मैदान बना हुआ है, वह निस्संदेह यहाँ अपना अंतिम लक्ष्य प्राप्त करना चाहेंगे, वह लक्ष्य जो सन् 2004 में सिडनी में स्टीव वॉ के रिटायरमेंट टेस्ट मैच के अवसर पर भारत के पाले में आते-आते बहुत करीब से निकल गया।

ऑस्ट्रेलिया में ही सचिन ने अपनी उत्कृष्टता की छाप छोड़ी थी, जब सन् 1992 में उन्होंने पर्थ में एक शतक बनाया था; सचिन के शतक को आज भी डब्ल्यू.ए.सी.ए. के उस पवित्र गढ़ में किसी विदेशी द्वारा बनाए गए एक सर्वश्रेष्ठ स्कोर के रूप में याद किया जाता है; उक्त मैदान विश्व में सबसे तेज धावन-पथ कहलाता है और सचिन ने यहीं, ऑस्ट्रेलिया में अपने कुछ श्रेष्ठतम स्कोर बनाए हैं। सन् 2008 में भी मेलबोर्न में जब साढ़े तीन दिन के अंदर भारतीय टीम को निपटा दिया गया, यह सचिन ही थे, जिन्होंने सिडनी में कमाल की बल्लेबाजी का प्रदर्शन करते हुए उस टेस्ट शृंखला को हमेशा के लिए यादगार बना दिया। आखिर कुछ तो बात है कि सचिन जब-जब ऑस्ट्रेलिया के किसी मैदान में बल्लेबाजी के लिए आते हैं, उनका सदैव खड़े होकर स्वागत किया जाता है और एम.सी.जी. में बे-13 से जो अश्लील आवाजें आमतौर पर सुनाई देती हैं, वे उस समय कुछ देर के लिए थम जाती हैं, जब सचिन मैदान के बीचोबीच अपना बल्ला घुमा रहे होते हैं। ऑस्ट्रेलिया को ऑस्ट्रेलिया में पराजित करने में सफल होना इस महान् खिलाड़ी

की अंतिम बड़ी उपलब्धि होगी, ऐसी उपलब्धि जो पर्थ-1992 के घावों को भर देगी, जहाँ ऑस्ट्रेलिया के विरुद्ध 114 रन बनाने के बावजूद सचिन पराजय को टालने में असमर्थ रहे।

अगर सचिन इन ऊँचाइयों तक पहुँचने में सफल हो जाते हैं, हमें तब भी एक और तुलना की शुरुआत करनी होगी। उनके समकालीन या पहले के क्रिकेट-खिलाड़ियों के साथ नहीं—वह स्पर्धा तो सचिन पहले ही जीत चुके हैं—बल्कि सभी तरह के खेलों और युगों में महानता का स्तर पानेवाली विभूतियों के साथ। वह समय इस बहस का होगा कि क्या सचिन खेल-जगत् के महानतम खिलाड़ियों में से एक हैं। क्या हम उनकी तुलना वास्तव में फुटबॉल, तैराकी, टेनिस के महान् खिलाड़ियों, ओलंपिक और विश्व-विजेताओं, पुरुष एवं महिलाओं के साथ कर सकते हैं, जिन्होंने अपने उत्कृष्ट प्रदर्शन से प्रशंसकों को असीम उल्लास और आनंद प्रदान किया है, कहा नहीं जा सकता। सचिन ने अपने हुनर और बेहतरीन प्रदर्शन से हम भारतीयों को अनेक बार आनंदित किया है और हमारा दिल जीता है, इसमें संदेह की कतई गुंजाइश नहीं है और इसी कारण से हम चाहेंगे कि सचिन से हमारा प्रेम-अनुराग आगे भी बना रहे, आगे भी हम तेंदुलकर के महान् खेल का इसी तरह आनंद उठाते रह सकें।

यह पुस्तक प्रसिद्धि प्राप्त तेंदुलकर के व्यक्तित्व के अनेक पहलुओं को उजागर करने में सहायक सिद्ध होगी। अगर अनेक लोगों की तरह आप भी सोचते हैं कि सचिन के बारे में आप सबकुछ जानते हैं तो इस किताब के पन्ने पलटें और उन प्रश्नों के उत्तर देने का प्रयास करें, जिन्हें जानने के लिए सुवम ने कठिन परिश्रम और खोज की है।

—बोरिया मजूमदार

आभार

इक्कीस वर्ष पहले मैं एक विलक्षण युवक की कहानी से अत्यंत अभिभूत हो गया था। उसमें कुछ ऐसी बात थी, जिससे स्पष्ट आभास होने लगा था कि एक दिन वह असाधारण क्रिकेट खिलाड़ियों की पंक्ति में शामिल होकर बड़ा नाम कमाएगा। जब छात्रावास के मेरे सभी साथी अपने-अपने पसंदीदा खिलाड़ियों का गुणगान करने में लगे रहते थे—जैसे कि सुनील गावस्कर, जिन्होंने हाल ही में अवकाश ग्रहण किया था, रिचर्ड हेडली का रिकॉर्ड तोड़नेवाले कपिल देव, जोशीले इमरान खान, अत्युत्तम विव रिचर्ड्स, कलाई का कमाल दिखानेवाले मोहम्मद अजहरुद्दीन, कलात्मक दिलीप वेंगसरकर, अपने ही ढंग की विचित्र शैली में बल्लेबाजी के लिए जाने-माने दिलेर क्रिस श्रीकांत—10 वर्ष से भी कम उम्र के क्रिकेट के दीवाने इस बालक को पक्का विश्वास था कि वह जिसे अपना आदर्श मानता है, उसे वह एक दिन विश्व के सभी मील के पत्थरों लाँघकर आगे बढ़ते हुए देखेगा और तब सबकी बोलती बंद हो जाएगी। मित्र-मंडली उसे चिढ़ाती कि वह एक ऐसे किशोर वय खिलाड़ी का प्रशंसक है, जिसने अंतरराष्ट्रीय क्रिकेट में अभी अपना कदम रखा ही है। बाकी जो भी घिसी-पिटी बातें रही हों, सब अतीत बन चुकी हैं। आज दो दशक के बाद मुझे लिटिल मास्टर का शुक्रिया अदा करना चाहिए कि उन्होंने मेरे आलोचकों को खामोश कर दिया, क्रिकेट के खेल के लिए मेरे अंदर उमंग और जोश की ज्वाला भड़काई और क्रिकेट में उस ऊँचाई को हासिल किया, जिससे मुझे यह पुस्तक लिखने की प्रेरणा प्राप्त हुई।

मैं अपने माता-पिता राणा रंजन पाल और अनीता पाल तथा अपने भाई रीतम का भी शुक्रगुजार हूँ, जिन्होंने हर तरह की परिस्थिति में मुझे सहारा देने के लिए न

जाने कितने त्याग किए और मेरे जीवन के कठिनतम क्षणों में मेरे साथ खड़े रहे।

बोरिया की मैं सदैव कद्र करता हूँ। मेरे लिए वह मेरे भाई जैसे हैं और सही मायनों में एक सच्चे मित्र हैं। पहेली पूछना, क्विज प्रतियोगिताएँ आयोजित करना और उनमें भाग लेना मेरा पुराना शौक रहा है और जो लोग वर्षों तक मेरी क्विज-मंडली के सदस्य रहे हैं, फिर मेरे घनिष्ठ मित्र बन गए, मैं उनको धन्यवाद देना चाहूँगा—सुपर्णो, सुभाजित, सैकत दा, मीर दा, सव्यसाची-दा बोरा, सईद, सुदीप सौभद्र मौर्य, डॉ. कुंडु और रोहन मुरारका।

मैं अपने मित्र प्रियंका और अभि, नीलांजन दा, मानस, देवांगन, अनिर्वान, बान, सौमिल्य दा और परिवार, तुकई दा, केश्टो दा, सौतिक दा, सुदीप दा एवं चंद्रिमा दी, साग्निक, याज्ञसेनी, नाबो, ईशा, कल्याणी, सौगतो और सोहिनी, संचारी, राज, पुंशी, दिव्या एवं भ्रमरी और अपने रिश्तेदारों, मेरी भाभी रंजन तथा दत्ता राय व देव परिवार सहित शेष सभी परिचितों का आभारी हूँ। मैं हेक्टर और समस्त टाइम्स नाउ स्पोर्ट्स डेस्क का भी हृदय से शुक्रगुजार हूँ, जिन्होंने मेरी बहुत सहायता की और स्कूल में मेरे सीनियर रहे दिव्यांशु दा का भी मैं विशेष ऋणी हूँ, क्योंकि सचिन के कुछ बेहतरीन फोटोग्राफ उन्होंने ही मुझे मुहैया कराए हैं।

—सुवम पाल

अनुक्रम

1

फोटो साभार : दिव्यांगशु सरकार

फोटो साभार : दिव्यांगशु सरकार

परिवार से संबंधित बातें

तलवार की अपेक्षा कलम को अधिक सम्मान देनेवाले एक परंपरागत मराठी ब्राह्मण परिवार के सबसे छोटे सदस्य ने क्रिकेट के बल्ले को अपना प्रिय अस्त्र बनाकर पारिवारिक इतिहास को ही बदल डाला। क्रिकेट के आकाश में उदित हुए इस नन्हे चमत्कारिक खिलाड़ी की बांद्रा ईस्ट में एक मध्यवर्गीय घर से शुरू होकर बांद्रा वेस्ट में स्थित एक शानदार फ्लैट तक पहुँचने की यात्रा एक ऐसी कहानी कहती है, जिसके कारण भद्रजनों के खेल की दिशा हमेशा के लिए बदल गई।

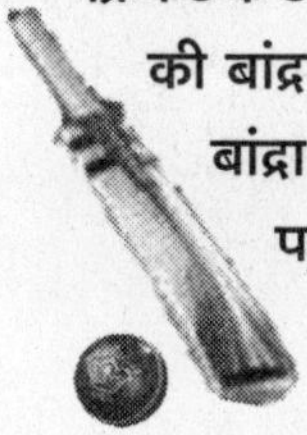

1. सचिन की जन्म-तिथि क्या है?
2. सचिन के माता-पिता का नाम क्या है?
3. सचिन के दो भाई हैं और एक बहन है। उनके नाम बताएँ।
4. सचिन का नामकरण सचिन के पिता के पसंदीदा संगीतकार के नाम पर किया गया है, जिन्हें भारतीय संगीत उद्योग में एक महान् शख्सियत माना जाता है। उस महान् संगीतकार का नाम बताएँ।
5. सचिन का जन्म किस राशि में हुआ?
6. मुंबई के किस कॉलेज में सचिन के पिता रमेश तेंदुलकर मराठी साहित्य

उत्तर के लिए कृपया पृष्ठ सं. 147 देखें।

पढ़ाते थे? (संकेत : इस कॉलेज की स्थापना डेकन एजुकेशन द्वारा की गई थी और आरंभ में इसे बंबई कॉलेज कहा जाता था।)

7. लोक शिक्षा समिति अथवा पीपॅल्स एजुकेशन सोसाइटी के तत्त्वावधान में डॉ. बाबा साहेब अंबेडकर द्वारा मुंबई में स्थापित किस दूसरे कॉलेज में रमेश तेंदुलकर कीर्ति कॉलेज में जाने से पहले पढ़ाया करते थे?

असाधारण भद्रजन गुट

(द लीग ऑफ एक्स्ट्राऑर्डिनरी जेंटलमैन)

विश्वास करें या न करें, सचिन और बीथोविन, टॉम क्रूज, जिमी हेंड्रिस, आइंस्टीन, फेंमैन, कोबे ब्राइंट, लेब्रॉन जेम्स, राफेल नडाल, सेस्क फ्रेब्रेगस, डेविड विला तथा फिल मिकेल्सन के बीच एक अनोखी समानता है। मास्टर ब्लास्टर, जो सीधे हाथ से बल्लेबाजी करते हैं, गेंदबाजी करते हैं और थ्रो करते हैं (यानी फेंकते हैं), लेकिन लिखते उलटे हाथ से हैं। दोनों हाथों का इस्तेमाल करनेवाले ऐसे व्यक्ति हैं (दुहत्था नहीं), जो कुछ कामों के लिए एक हाथ का प्रयोग करना पसंद करता है और दूसरे कामों के लिए दूसरे हाथ का–असाधारण भद्रजन के इस दल के सम्मानित सदस्यों की तरह।

8. सचिन की माँ रजनी तेंदुलकर किस संगठन के लिए काम करती हैं?
9. तेंदुलकर परिवार कोंकण के किस समुदाय से संबंध रखता है?
10. एक बालक के रूप में सचिन पहले–पहल किस स्कूल में पढ़ने जाते थे?
11. बांद्रा ईस्ट में न्यू इंग्लिश स्कूल से निकलकर सचिन दादर स्थित एक स्कूल में भरती हो गए, ताकि क्रिकेट पर ध्यान दे सकें। वह कौन सा स्कूल था?

अधिकांश एकदिवसीय मैच एक कतार में

सचिन ने किसी टीम के लिए सर्वाधिक संख्या में लगातार एकदिवसीय मैच खेलने का कीर्तिमान स्थापित किया है। उन्होंने 25 अप्रैल,

उत्तर के लिए कृपया पृष्ठ सं. 147 देखें।

1990 और 24 अप्रैल, 1998 के बीच लगातार 185 एकदिवसीय मैच भारत के लिए खेले हैं। सचिन ने 132 मैच खेलने का पिछला रिकॉर्ड तोड़ दिया, जो वेस्टइंडीज के रिची रिचर्डसन के नाम था।

12. सचिन ने कला नगर, बांद्रा ईस्ट में किस सहकारी आवास कॉम्प्लेक्स में अपना बचपन और तरुणाई का काफी हिस्सा बिताया?
13. सन् 2001 में सचिन ने बांद्रा वेस्ट में किस बड़े भव्य अपार्टमेंट ब्लॉक में शिफ्ट किया? (संकेत : बॉलीवुड अभिनेत्री ऐश्वर्या राय और एक मशहूर विज्ञापन निर्माता प्रह्लाद कक्कड़ उनके पड़ोसी थे।)
14. उस हेरिटेज बँगले का नाम बताएँ, जिसे सचिन ने सन् 2008 में सात्र ग्रुप से खरीदा। (संकेत : यह बँगला बांद्रा वेस्ट में कार्टर रोड के निकट पेरी क्रॉस रोड पर स्थित है।)
15. सचिन के परिवार के सदस्यों में से उस सदस्य का नाम बताएँ, जो रुइया कॉलेज में अपनी पढ़ाई के दौरान पूर्व भारतीय विकेट कीपर चंद्रकांत पंडित और पूर्व भारतीय सलामी बल्लेबाज लालचंद राजपूत की बगल में क्रिकेट खेला करता था और जो विलक्षण प्रतिभाशाली सचिन को रमाकांत अचरेकर के पास लेकर गया, ताकि सचिन उनसे प्रशिक्षण प्राप्त कर सकें?
16. अंजलि तेंदुलकर का पहला (अर्थात् विवाह पूर्व) नाम क्या है?
17. सचिन किस यात्रा से लौट रहे थे, जब मुंबई एयरपोर्ट पर पहली बार उनकी भेंट अपनी भावी पत्नी अंजलि से हुई? उस समय सचिन की उम्र क्या थी?
18. सचिन का विवाह किस वर्ष हुआ?
19. सचिन की पत्नी अंजलि का व्यवसाय क्या है?
20. अंजलि तेंदुलकर को चिकित्सा की किस शाखा में विशिष्टता प्राप्त है?
21. सचिन के विवाह का स्वागत-समारोह किस जगह आयोजित किया गया?

उत्तर के लिए कृपया पृष्ठ सं. 147 देखें।

22. विवाह के समय सचिन की उम्र क्या थी ?
23. सचिन अपनी पत्नी अंजलि से कितने साल छोटे हैं ?
24. अंजलि ने मुंबई के किस अस्पताल में काम किया है ?

सर्वाधिक 'प्लेयर ऑफ द सीरीज अवार्ड'

सचिन के पास एकदिवसीय अंतरराष्ट्रीय मैचों में सबसे अधिक 'प्लेयर ऑफ द सीरीज' अवार्ड पाने का रिकॉर्ड है। सचिन ने सर विवियन रिचर्ड्स का सात बार का 'प्लेयर ऑफ द सीरीज' पाने का रिकॉर्ड तोड़ा था। फिलहाल सनत जयसूर्या को दूसरा स्थान प्राप्त है, जिन्होंने 11 अवार्ड जीते हैं।

25. अंजलि ने मुंबई में किस संस्था से अपनी मेडिकल डिग्री प्राप्त की ?
26. सचिन के श्वसुर एक गुजराती उद्योगपति हैं। उनका नाम बताएँ।
27. सचिन के श्वसुर एक स्पोर्ट में सात बार राष्ट्रीय चैंपियन रह चुके हैं। वह कौन सा स्पोर्ट है।
28. सचिन की सास बर्मिंघम में जन्मी एक ब्रिटिश लोकोपकारी महिला हैं। वह रॉयल कॉलेज ऑफ म्यूजिक की छात्रा रहीं और लंदन स्कूल ऑफ इकोनॉमिक्स से उन्होंने सोशल एडमिनिस्ट्रेशन (सामाजिक प्रशासन) में डिप्लोमा किया। उनका नाम क्या है ?

धन के ऊपर नैतिकता

विज्ञापकों के लिए वह एक नीली आँखोंवाले लड़के हो सकते हैं, लेकिन सचिन ने करारे नोटों की सरसराहट में सामाजिक उत्तरदायित्व की अपनी भावना को कभी लुप्त नहीं होने दिया। उन्होंने अनगिनत ब्रांडों (व्यापार चिह्नों) और उत्पादों का समर्थन किया है, लेकिन अपने यशस्वी जीवन के आरंभ से ही ब्रांड सचिन ने पान मसाला, तंबाकू और शराब के

उत्तर के लिए कृपया पृष्ठ सं. 147 देखें।

विज्ञापन संबंधी प्रस्तावों को हमेशा बाहर जाने का रास्ता दिखाया है। विश्वास करें या न करें, सचिन ने शराब के एक प्रमुख ब्रांड से आए 20 करोड़ रुपए के भारी-भरकम प्रस्ताव को स्वीकार करने से मना कर दिया था।

29. सचिन की सास किस परोपकारी और समाज कल्याण संगठन से संबद्ध हैं? (संकेत : गंदी बस्तियों में रहनेवाले बच्चों को एक बेहतर जीवन देने के उद्देश्य से इस संगठन की स्थापना सन् 1972 में की गई थी। लिटिल मास्टर इस संगठन की सहायता करते हैं। उन्होंने 200 शोषित बच्चों का खर्च उठाने का जिम्मा लिया है।)
30. सचिन के बच्चों का क्या नाम है?
31. उनकी बेटी का जन्म किस वर्ष हुआ?
32. सचिन की बेटी का नाम एक टूर्नामेंट में कप्तान के रूप में उनकी पहली बड़ी जीत के नाम पर रखा गया। वह कौन सा टूर्नामेंट था? (संकेत : उस टूर्नामेंट का नाम सचिन की बेटी के नाम से मेल खाता है।)
33. सचिन के बेटे का जन्म किस वर्ष में हुआ?
34. सचिन के बच्चे मुंबई में किस स्कूल में पढ़ते हैं?
35. सचिन का बेटा बांद्रा ईस्ट में किस क्लब के लिए खेलता है? (संकेत : एक बार सचिन उस क्लब की ओर से खेले थे।)
36. पुणे में 13 से कम आयु वर्ग के टूर्नामेंट में सचिन के बेटे ने (जनवरी 2010 में) अपना पहला राष्ट्रीय स्तर का टूर्नामेंट खेला?
37. तेंदुलकर परिवार के किस सदस्य को सन् 2010 मैराथन में दौड़ने और चैरिटी के लिए 5.88 लाख रुपए इकट्ठा करने के लिए 'यंगेस्ट ड्रीम मेकर' पुरस्कार प्रदान किया गया?
38. तेंदुलकर परिवार के किस सदस्य ने साहित्यिक आलोचना पर 'गीतभान' नामक पुस्तक लिखी है, जिसे राज्य सरकार का पुरस्कार भी मिला है?

उत्तर के लिए कृपया पृष्ठ सं. 147 व 148 देखें।

39. 'द मेकिंग ऑफ ए क्रिकेटर : फार्मेटिव ईयर्स ऑफ सचिन' नामक पुस्तक किसने लिखी है ? (संकेत : इस पुस्तक का लेखक भी सचिन के परिवार का ही एक सदस्य है।)

40. सचिन ने शारदाश्रम विद्या मंदिर से शिक्षा पूरी करने के बाद मुंबई के किस जूनियर कॉलेज में दाखिला लिया ?

□

उत्तर के लिए कृपया पृष्ठ सं. 148 देखें।

2

फोटो साभार : दिव्यांगशु सरकार

फोटो साभार : दिव्यांगशु सरकार

प्रारंभिक दौर

गुरु को प्रतिभा की परख थी। शिवाजी पार्क में नन्हे कदमों को मिली सीख भारतीय क्रिकेट के लिए लंबी छलाँग की तैयारी थी। उस घुँघराले बालों, चमकीली आँखोंवाले स्कूली लड़के ने अपने 3 पौंड के बल्ले से खेल की दिशा बदल डाली। एक सितारा चमक उठा।

41. शारदाश्रम विद्या मंदिर में सचिन का वह कोच कौन था, जो पहले क्लब की ओर से खेला करता था, फिर कोच बन गया, जिसने सन् 1963-64 में मोइनुद्दौला टूर्नामेंट में हैदराबाद के विरुद्ध ऑल इंडिया स्टेट बैंक के लिए केवल एक प्रथम श्रेणी मैच खेला था?
42. सचिन ने किस उम्र में इस महान् कोच का आश्रय लिया?
43. सन् 1984 में सचिन ने अपना पहला मैच शारदाश्रम इंग्लिश की ओर से खोजा खान हाई स्कूल के विरुद्ध आजाद मैदान में नवरोज क्रिकेट क्लब के मैदान पर खेला। इस अंडर-15 स्कूल टूर्नामेंट का नाम बताएँ।
44. अपनी गेंदबाजी की कला को निखारने के लिए अक्तूबर 1987 में सचिन किस नई शुरू की गई अकादमी के चयन परीक्षणों में शामिल हुए?

उत्तर के लिए कृपया पृष्ठ सं. 148 देखें।

45. सन् 1985 में बारह वर्ष की आयु में सचिन ने एक 'एफ' डिवीजन क्लब के लिए कांगा लीग की ओर से अपना पहला मैच खेला। वह कौन सा क्लब था?

46. अगस्त 1987 में जब सचिन को बंबई क्रिकेट एसोसिएशन के 'बेस्ट जूनियर क्रिकेटर ऑफ दि ईयर अवार्ड' के लिए नहीं चुना गया, तब किस पूर्व भारतीय कप्तान ने चौदह वर्षीय सचिन को संबोधित एक प्रेरणाप्रद पत्र के अंत में यह लिखा था—बी.सी.ए. से बेस्ट जूनियर क्रिकेटर अवार्ड न मिलने पर निराश होने की कोई आवश्यकता नहीं है। अगर तुम सर्वश्रेष्ठ पुरस्कार विजेताओं की सूची पर नजर डालोगे, तुम्हें वहाँ एक नाम नदारद मिलेगा और उस व्यक्ति ने टेस्ट क्रिकेट में खराब प्रदर्शन नहीं किया है'।

47. बंबई अंडर-15 टीम के लिए चुने जाने के बाद किस पूर्व भारतीय कप्तान ने सचिन को एक गन एंड मूरे बल्ला भेंट किया?

सबसे छोटी उम्र का भारतीय एकदिवसीय कप्तान

सचिन 23 वर्ष एवं 126 दिन की उम्र में जब 28 अगस्त, 1996 को कोलंबो में श्रीलंका के विरुद्ध एकदिवसीय कप्तान बने, उन्हें इतिहास में सबसे छोटी उम्र के भारतीय खिलाड़ी के रूप में किसी एकदिवसीय में भारतीय टीम का नेतृत्व करने का श्रेय प्राप्त हुआ और उन्होंने कपिल देव का 23 वर्ष एवं 249 दिनों की उम्र में कप्तान बनने का रिकॉर्ड पीछे छोड़ दिया। विश्व स्तर पर भी उन्हें सबसे छोटी उम्र में किसी एकदिवसीय की कप्तानी करने में दूसरा स्थान प्राप्त हुआ, क्योंकि तब पहले स्थान पर वकार यूनुस का नाम था, जिन्होंने 21 वर्ष और 354 दिन की आयु में पाकिस्तानी टीम का नेतृत्व सँभाला।

उत्तर के लिए कृपया पृष्ठ सं. 148 देखें।

उच्चतम रणजी स्कोर

सन् 1988 में गुजरात के विरुद्ध पहले ही मैच में शतक बनाने के बाद से सचिन ने भारत के प्रमुख घरेलू टूर्नामेंट रणजी ट्रॉफी में केवल 33 मैच खेले हैं। इसमें उनका आज तक का सर्वाधिक स्कोर 233 है। घरेलू क्रिकेट में यह शानदार स्कोर उन्होंने सन् 1999-2000 में वानखेड़े स्टेडियम में तमिलनाडु के विरुद्ध बनाया था। यह एक ऐसा मैच था, जिसमें 'बंबई बॉम्बर' ने संघर्ष करती मुंबई को मुसीबत से निकालने के लिए अपनी एक सर्वश्रेष्ठ पारी खेली और अंततः टीम को रणजी ट्रॉफी फाइनल तक पहुँचाया।

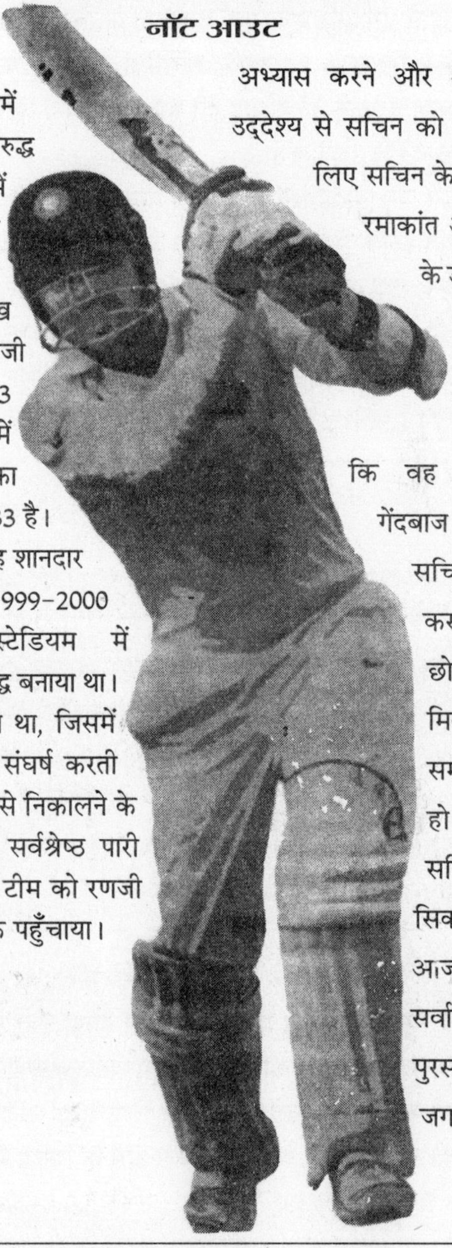

नॉट आउट

अभ्यास करने और श्रेष्ठ बनने के उद्देश्य से सचिन को प्रेरित करने के लिए सचिन के विख्यात कोच रमाकांत अचरेकर स्टंप्स के ऊपर 1 रुपए का सिक्का रख देते और घोषणा करते कि वह सिक्का उस गेंदबाज को मिलेगा, जो सचिन को आउट कर देगा या स्वयं छोटे उस्ताद को मिलेगा कि वह पूरे समय में आउट न हो। इस प्रकार सचिन ने जो 13 सिक्के जीते, वे आज भी सचिन की सर्वाधिक महत्त्वपूर्ण पुरस्कार-निधि में जगह पाए हुए हैं।

उत्तर के लिए कृपया पृष्ठ सं. 148 देखें।

48. चेन्नई में एम.आर.एफ. पेस अकादमी के किस विख्यात कोच ने छुटके क्रिकेट खिलाड़ी को उसके शारीरिक गठन के कारण तेज गति का गेंदबाज न बनने की सलाह देते हुए उसे अपनी बल्लेबाजी पर अधिक ध्यान देने के लिए कहा?

49. सचिन जब चौदह वर्ष के थे, तब किस पूर्व भारतीय क्रिकेटर ने अपने अत्यंत हलके पैडों का एक जोड़ा उन्हें भेंट किया था?

50. सचिन जब एक अंडर-15 राष्ट्रीय कैंप में इंदौर में थे, उस दौरान उनकी कौन सी एक बहुमूल्य वस्तु चोरी हो गई थी?

51. इंदौर में अंडर-15 नेशनल कैंप में सचिन की भेंट अपने किस भावी टीममेट (भविष्य में उनकी टीम में शामिल होनेवाले सदस्य) से हुई?

'सचिन तेंदुलकर कभी असफल नहीं होता'

सन् 1989-90 के पाकिस्तान दौरे के लिए भारतीय टीम में सोलह वर्षीय सचिन को शामिल करने के बारे में बी.सी.सी.आई. चयनकर्ताओं के बीच जबरदस्त बहस चल रही थी। जब कुछेक चयनकर्ताओं ने पाकिस्तान की अपनी जमीन पर इमरान, अकरम और कादिर का सामना करने के लिए एक स्कूल ब्वॉय को चुने जाने के बारे में संदेह व्यक्त किया और आपत्ति उठाई तो पूर्व भारतीय क्रिकेट खिलाड़ी और तत्कालीन वेस्ट जोन चयनकर्ता नरेन तम्हाणे ने यह कहते हुए बहस समाप्त कर दी कि सचिन तेंदुलकर कभी असफल नहीं होता।

52. सन् 1986 में सचिन ने शारदाश्रम विद्या मंदिर की ओर से खेलते हुए किस स्कूल के विरुद्ध शिवाजी पार्क में हैरिस शीलु के क्वार्टर फाइनल मैच में अपने जीवन का सबसे पहला शतक बनाया?

53. पहली बार विजय मर्चेंट ट्रॉफी के लिए मुंबई अंडर-15 की ओर से खेलते हुए सचिन ने बड़ौदा में किस टीम के विरुद्ध सिर्फ 140 मिनट में 123 शानदार रन बनाए? (संकेत : उनके इस दमदार प्रदर्शन के कारण

उत्तर के लिए कृपया पृष्ठ सं. 148 देखें।

अखबारों में पहली बार उनकी तसवीर छपी।)

54. सन् 1988 में सचिन ने किस स्कूल क्रिकेट टूर्नामेंट में खेलते हुए पाँच पारियों में क्रमश: 21, 125, 207, 326 और 346 रन बनाए?

सर्वाधिक रनों की प्रारंभिक साझेदारी

एकदिवसीय मैचों में प्रारंभिक बल्लेबाजों की साझेदारी में कुल मिलाकर सर्वाधिक रन बनाने का विश्व रिकॉर्ड सचिन और सौरव गांगुली के नाम है। इस जोड़ी ने भारतीय बल्लेबाजी की शुरुआत करते हुए 136 पारियों में 6,609 रनों का विशाल स्कोर खड़ा किया।

55. सन् 1988 टूर्नामेंट की उन पाँच पारियों में सचिन कितनी बार आउट हुए, जिनमें विनोद कांबली के साथ साझेदारी करते हुए उन्होंने 664 रनों का विश्व रिकॉर्ड कायम किया?

56. सन् 1986 में कटक में पश्चिम क्षेत्र और दक्षिण क्षेत्र के बीच पहली बार U-15 मैच में सचिन के विरुद्ध खेलनेवाला वह टीममेट कौन था, जो भावी राष्ट्रीय टीम में शामिल होनेवाला था?
(संकेत : उस मैच में वह क्रिकेट खिलाड़ी किसी और के बदले खेला था।)

57. सन् 1988 की हैरिस शील्ड प्रतियोगिता में सचिन का औसत सर डॉन ब्रैडमैन के औसत के बराबर था। वह औसत क्या था?

58. सचिन और विनोद कांबली ने आजाद मैदान में हैरिस शील्ड सेमी-फाइनल में किस स्कूल के विरुद्ध खेलते हुए तीसरे विकेट की साझेदारी में 664 रनों का विश्व रिकॉर्ड बनाया?

59. इस रिकॉर्ड-तोड़ साझेदारी में सचिन ने कितने रन जोड़े?

60. सचिन ने सन् 1988 के हैरिस शील्ड फाइनल में किस स्कूल के विरुद्ध शानदार 346 नाबाद रन बनाकर लगातार अपना दूसरा अविजित तिहरा शतक जड़ा?

61. जब सचिन और कांबली ने मिलकर 664 रनों की साझेदारी का विश्व

उत्तर के लिए कृपया पृष्ठ सं. 148 देखें।

रिकॉर्ड बनाया, तब किस पूर्व भारतीय गेंदबाज ने उस मैच में 27 ओवर में 182 रन देकर एक भी विकेट न लेने का रिकॉर्ड कायम किया?

सर्वाधिक रनों की एकदिवसीय साझेदारी

सीमित ओवर के मैच में किसी भी विकेट के लिए सर्वाधिक रन बनाने की साझेदारी का विश्व रिकॉर्ड सचिन और राहुल द्रविड़ के नाम है। इन दोनों की जोड़ी ने 8 नवंबर, 1999 को हैदराबाद में दूसरे विकेट की साझेदारी में खेलते हुए न्यूजीलैंड के विरुद्ध लाजवाब 331 रन बनाए।

62. सुविख्यात हैरिस शील्ड सेमीफाइनल में सेंट जेवियर्स के विरुद्ध शारदाश्रम विद्या मंदिर की ओर से खेल रहे 11 खिलाड़ियों में कौन सा भावी मुंबई कप्तान शामिल था?
63. उसी हैरिस शील्ड सेमीफाइनल मैच में सचिन के शारदाश्रम विद्या मंदिर के किस टीममेट (सचिन की टीम के सदस्य) ने 6 विकेट लिए?
64. सन् 1988 में शारदाश्रम विद्या मंदिर और सेंट जेवियर्स के बीच ऐतिहासिक हैरिस शील्ड सेगीफाइनल में शारदाश्रम की ओर से किसने पहले गेंदबाजी की?
65. कांगा लीग क्लब के अपने ही किस मैदान पर खेलते हुए सचिन ने हैरिस शील्ड में 664 रन की साझेदारी का रिकॉर्ड बनाया?
66. किन दो बल्लेबाजों ने ब्रदर जॉन ऑफ गॉड ट्रॉफी के एकदिवसीय मैच में 721 रनों की अविजित साझेदारी करके सचिन और कांबली की 664 रन की साझेदारी का रिकॉर्ड तोड़ा? (ट्रिविया : यह मैच सन् 2006 में हैदराबाद क्रिकेट एसोसिएशन द्वारा आयोजित किया गया था और बल्लेबाजों के स्कूल सेंट पीटर्स हाई स्कूल, बोवेनपल्ली तथा सेंट फिलिप्स हाई स्कूल के बीच खेला जा रहा था।)
67. किस विख्यात प्रशासक ने अभेद्य क्रिकेट क्लब ऑफ इंडिया के नियमों

उत्तर के लिए कृपया पृष्ठ सं. 148 देखें।

में संशोधन कराया, ताकि चौदह वर्षीय सचिन को उसकी आयु के बावजूद क्लब के ड्रेसिंग रूम का प्रयोग करने दिया जा सके?

ऑस्कर्स के लिए 99

स्लमडॉग मिलियनेयर (सन् 2008) में फिल्म के पात्र जावेद के घर में टेलीविजन पर जो मैच दिखाया जा रहा है, वह 26 जून, 2007 को भारत और दक्षिण अफ्रीका के बीच सिविल सर्विस क्रिकेट क्लब, स्टॉर्मेंटि बेलफास्ट में खेला गया फ्यूचर कप का पहला एकदिवसीय मैच है। जैसा कि मूवी में दिखाया गया है, सचिन तेंदुलकर 99 पर रन आउट हो जाते हैं और भारत की टीम यद्यपि 242 रन का स्कोर कर लेती है, फिर भी दक्षिण अफ्रीका अंततः 4 विकेट और 3 शेष गेदों से मैच जीत जाता है।

68. उस समय सचिन की उम्र क्या थी, जब उन्हें पश्चिम क्षेत्र रणजी ट्राफी लीग में मुंबई के लिए अब तक की सबसे छोटी आयु के क्रिकेट खिलाड़ी के रूप में चुना गया?
69. सचिन ने रणजी में पहली बार खेलते हुए किस टीम के विरुद्ध अपना पहला शतक बनाया, जिसके कारण सचिन को प्रथम श्रेणी के मैच में पहला कदम रखते ही शतक बनानेवाले सबसे युवा भारतीय क्रिकेट खिलाड़ी के रूप में पहचान मिली? (ट्रिविया : सचिन ने जब अपना पहला रणजी ट्रॉफी मैच खेला, तब वह 15 वर्ष और 232 दिन के थे।)
70. सचिन जब 11 दिसंबर, 1988 को पहली बार रणजी ट्रॉफी के लिए खेल रहे थे, उस समय बंबई (मुंबई) टीम का कप्तान कौन था?
71. शेष भारत (रेस्ट ऑफ इंडिया) के लिए खेलते हुए सचिन ने सन् 1989-90 की ईरानी कप प्रतियोगिता में पहले-पहल किस टीम के विरुद्ध वानखेड़े स्टेडियम में एक शतक (103) बनाया?

उत्तर के लिए कृपया पृष्ठ सं. 148 देखें।

72. किस पूर्व भारतीय बल्लेबाज ने एक उँगली टूटी होने के बावजूद सचिन का साथ देना जारी रखा, ताकि सन् 1989-90 की ईरानी कप प्रतियोगिता में सचिन एक शानदार शतक बना सकें?

73. रंगमंच और फिल्म से जुड़ी किस शख्सियत ने सन् 1989 में सचिन का सबसे पहला टी.वी. इंटरव्यू संचालित किया।

74. सन् 1988-89 में रणजी ट्रॉफी प्रतियोगिता के दौरान सचिन ने सात मैच खेले। इस पूरे सीजन में उसने कितने रन बनाए?

एक ऐतिहासिक साझेदारी

सचिन और सौरव गांगुली की बहुचर्चित बल्लेबाज जोड़ी के नाम एकदिवसीय मैचों के इतिहास में सर्वाधिक शतकों के लिए साझेदारी करने का विश्व रिकॉर्ड है। इस जोड़ी ने अपनी साझेदारी में 26 शतक बनाने का रिकॉर्ड कायम किया है, जबकि ऐसी 15 साझेदारियों का पिछला रिकॉर्ड वेस्टइंडीज की जोड़ी गॉर्डन ग्रीनिज और डेसमंड हेंस के नाम था।

75. सचिन ने अपने प्रारंभिक रणजी ट्रॉफी सीजन में कितने शतक बनाए?

सचिन ने लारा को पीछे छोड़ा

11 अक्तूबर, 2010 को सचिन ने बंगलौर में ऑस्ट्रेलिया के विरुद्ध बीसवाँ शतक जड़कर वेस्टइंडीज के खिलाड़ी ब्रायन लारा का उन्नीस बार 150 से अधिक रन बनाने का रिकॉर्ड तोड़ दिया। इससे पहले मास्टर ब्लास्टर ने 29 जुलाई, 2010 को कोलंबो में श्रीलंका के विरुद्ध 203 रन बनाकर ब्रैडमैन का 18 मौकों पर 150 प्लस रनों का पिछला रिकॉर्ड तोड़ा था।

उत्तर के लिए कृपया पृष्ठ सं. 148 देखें।

76. सचिन ने रणजी ट्रॉफी सीजन में पहली बार खेलते हुए कितने अर्ध-शतक बनाए?

77. सचिन ने गुवाहाटी में दलीप ट्रॉफी में पहली बार खेलते हुए किस टीम के विरुद्ध 159 रन बनाए, जिसके फलस्वरूप वे तीनों घरेलू प्रथम श्रेणी प्रतियोगिताओं—रणजी ट्रॉफी, दलीप ट्रॉफी और ईरानी ट्रॉफी में अपने पहले-पहले मैच में शतक बनानेवाले एकमात्र खिलाड़ी कहलाए?

78. मुंबई के किस कप्तान ने सचिन को नेट्स अर्थात् जाली के घेरे में कपिल देव की गेंदबाजी को झेलते देखकर बंबई रणजी ट्रॉफी टीम के लिए चुना था?

79. सन् 1987 में पूर्व भारतीय टेस्ट क्रिकेट खिलाड़ियों के नामों से टीमों का गठन किए जाने पर किस आयु-वर्ग की प्रतियोगिता में सचिन ने दत्तू फड़कर टीम की कप्तानी सँभाली और लगातार तीन मैचों में 158, 97 और 75 के स्कोर के साथ अपनी टीम को जीत के द्वार तक पहुँचाया? (ट्रिविया : उस टूर्नामेंट में सचिन को मैन ऑफ द सीरीज अवार्ड भी प्राप्त हुआ।)

खेल अधिक महत्त्व रखता है

एक पेप्सी विज्ञापन के लिए शूट के दौरान सचिन ने उस कमर्शियल के निर्देशक विज्ञापक प्रह्लाद कक्कड़ को स्क्रिप्ट बदलने के लिए बाध्य कर दिया। संदर्भगत विज्ञापन में एक ऐसा दृश्य था, जहाँ सचिन को एक मक्खीमारक से गेंद को मारना था; लेकिन जब सचिन ने खुद को खेल से बड़ा चित्रित करने से मना कर दिया तो कक्कड़ को विवश होकर मक्खीमार को एक स्टंप से बदलना पड़ा।

80. सन् 1987 में जब बंबई के चयनकर्ताओं अजीत वाडेकर, सुधीर नायक, बापू नादकर्णी और संदीप पाटिल ने नेट्स पर अभ्यास के लिए छत्तीस

उत्तर के लिए कृपया पृष्ठ सं. 148 देखें।

संभावितों के नाम घोषित किए, उनमें एक नाम सचिन का था। सूची में एक नाम उस पूर्व भारतीय क्रिकेट खिलाड़ी का था, जिसने उस समय टेस्ट क्रिकेट से अपने संन्यास की घोषणा की थी। वह कौन था?

☐

उत्तर के लिए कृपया पृष्ठ सं. 148 देखें।

3

फोटो साभार : दिव्यांगशु सरकार

फोटो साभार : दिव्यांगशु सरकार

अग्नि-परीक्षा

अनेक बार अत्यंत उत्कृष्ट प्रदर्शन करने के बाद और बहुत ऊँची-ऊँची आशाएँ रखनेवाले एक समूचे राष्ट्र का समर्थन मिलने पर किशोर वय के सनसनीखेज खिलाड़ी को अत्यंत प्रतिकूल परिस्थितियों में अपना सबसे बड़ा अवसर प्राप्त हुआ। तेज गति के प्रचंड गेंदबाजों ने अपने ही मैदान पर अपने घातक बाउंसरों के साथ इस नए बालक का स्वागत किया। तथापि वह निडर, विलक्षण व प्रतिभावान युवा खिलाड़ी अग्नि-परीक्षा में खरा उतरा और ओल्ड ट्रैफर्ड के मैदान पर भारतीय क्रिकेट में एक नए युग का प्रारंभ हुआ।

81. 15 नवंबर, 1989 को सचिन ने किस देश के विरुद्ध अपना पहला अंतरराष्ट्रीय मैच खेला?
82. बी.सी.सी.आई. चयन समिति का वह चेयरमैन कौन था, जिसने सन् 1989-90 में सचिन को उसके पहले अंतरराष्ट्रीय दौरे के लिए चुना?
83. सचिन ने सन् 1989 में किस पाकिस्तानी क्रिकेट मैदान पर अपना पहला टेस्ट मैच खेला?
84. सन् 1989 में सचिन के साथ किस दूसरे भारतीय क्रिकेटर ने कराची

उत्तर के लिए कृपया पृष्ठ सं. 148 व 149 देखें।

टेस्ट में अपने अंतरराष्ट्रीय प्रदर्शन का श्रीगणेश किया?

85. उस समय भारतीय टीम का कप्तान कौन था, जब सन् 1989 में सचिन ने पाकिस्तान में अपना पहला अंतरराष्ट्रीय मैच खेला?

86. कराची में अपनी प्रारंभिक पारी में सचिन का बल्लेबाजी क्रम क्या था?

87. सन् 1989 कराची टेस्ट में सचिन के साथ-साथ दो पाकिस्तानी खिलाड़ियों ने भी क्रिकेट में पहला कदम रखा। उनके क्या नाम हैं?

बैंड-एड के लिए विज्ञापन

सचिन पर फिल्माया गया पहला टी.वी. कॉमर्शियल बैंड-एड के लिए एक विज्ञापन था। उस विज्ञापन में छुटके उस्ताद को पिछवाड़े में बच्चों के साथ क्रिकेट खेलते हुए दिखाया गया है और जब एक बच्चे को गेंद पकड़ने की कोशिश में चोट लग जाती है तो 'डॉक्टर सचिन' उसे एक बैंड-एड देते हैं।

88. कराची में अपनी प्रारंभिक पारी में सचिन ने कितने रन बनाए?

89. किस पाकिस्तानी गेंदबाज ने सचिन को उनकी प्रारंभिक पारी में आउट किया?

90. कराची टेस्ट में जब सचिन ने अपना पहला अंतरराष्ट्रीय मैच खेला, तब विपक्षी टीम की कप्तानी कौन कर रहा था?

91. अंतरराष्ट्रीय क्रिकेट में किस गेंदबाज़ ने सचिन को पहली गेंद डाली?

92. सन् 1989 में सचिन ने जब पहला टेस्ट मैच खेला, उस समय उनकी उम्र क्या थी?

93. कराची में सचिन का पहला टेस्ट मैच संयोगवश एक विख्यात क्रिकेट खिलाड़ी का सौवाँ टेस्ट था। वह महान् खिलाड़ी कौन था?

94. सचिन के प्रारंभिक टेस्ट में इस भारतीय क्रिकेट खिलाड़ी को मैच की पूर्व-संध्या पर खेलनेवाले 11 खिलाड़ियों में से निकाल दिए जाने के बाद आखिरी क्षण में इसलिए शामिल किया गया, क्योंकि पैर की

उत्तर के लिए कृपया पृष्ठ सं. 149 देखें।

उँगली में चोट लग जाने के कारण रमन लांबा को खेल से बाहर होना पड़ गया—और वह उस समय दूसरे अर्थात् नॉन-स्ट्राइकर छोर पर था, जब लिटिल मास्टर ने अंतरराष्ट्रीय क्रिकेट में पहली गेंद का सामना किया। वह कौन है?

95. सचिन ने टेस्ट क्रिकेट में किस देश के विरुद्ध अपना पहला अर्ध-शतक बनाया?

96. सचिन ने अपने कैरियर के दूसरे टेस्ट में पाँचवें विकेट के लिए अपनी सबसे पहली शतकीय पारी में किस भारतीय बल्लेबाज के साथ मिलकर 143 रनों की साझेदारी की?

सचिन ने सनी का रिकॉर्ड पार किया

सचिन का पहला दोहरा शतक 217 रनों का शानदार स्कोर, जो उन्होंने सन् 1999 में अहमदाबाद में न्यूजीलैंड के खिलाफ बनाया, टेस्ट क्रिकेट में किसी भी भारतीय द्वारा अपनी टीम की कप्तानी करते हुए बनाया गया अब तक का सर्वाधिक स्कोर है। इस तरह मास्टर ब्लास्टर ने सन् 1978-79 में बंबई में वेस्टइंडीज के खिलाफ सुनील गावस्कर द्वारा बनाए गए 205 रनों के रिकॉर्ड को पीछे छोड़ दिया।

97. फैसलाबाद में दूसरे टेस्ट की दूसरी पारी में सचिन ने खुद रन-आउट होकर अपना विकेट इसलिए गँवा दिया, ताकि अपने स्वाभाविक खेल की लय से बाहर हो चुके उस भारतीय बल्लेबाज का हौसला बढ़ सके जो उस समय 99 पर बल्लेबाजी कर रहा था। वह खिलाड़ी कौन था?

मीरपुर में मील का पत्थर

सचिन ने शेरे-बँगला नेशनल स्टेडियम, मीरपुर में दूसरे टेस्ट के दौरान बँगलादेश के विरुद्ध सैंतीसवाँ शतक (122 नॉट आउट) जड़कर

उत्तर के लिए कृपया पृष्ठ सं. 149 देखें।

अपनी टीम के सदस्यों के लिए एक मील का पत्थर स्थापित कर दिया। यह पहली घटना थी, जब किसी टीम के चार बल्लेबाजों ने एक ही पारी में अपने-अपने शतक बनाए। उस पारी में शतक बनानेवाले अन्य खिलाड़ी थे–दिनेश कार्तिक (129), वसीम जाफर (138) और राहुल द्रविड़ (129)।

98. सचिन ने 16 वर्ष और 205 दिनों की उम्र में टेस्ट क्रिकेट में प्रवेश किया। टेस्ट क्रिकेट खेलनेवाला वह तीसरा सबसे कम उम्र का खिलाड़ी बना। उससे पहले टेस्ट क्रिकेट में कदम रखनेवाले अन्य दो युवतम खिलाड़ी कौन थे?

99. सचिन जब टेस्ट क्रिकेट में प्रवेश करनेवाले तीसरे युवतम खिलाड़ी बने, उन्होंने एक पूर्व पाकिस्तानी क्रिकेट खिलाड़ी का 16 वर्ष और 221 दिन की आयु में टेस्ट क्रिकेट में कदम रखने का रिकॉर्ड पीछे छोड़ दिया। उस क्रिकेट खिलाड़ी का नाम बताएँ।

100. अंतरराष्ट्रीय क्रिकेट में सचिन ने पहला कैच किसका लिया?

101. पाकिस्तान के खिलाफ अपनी प्रारंभिक सीरीज के चौथे टेस्ट में दूसरी पारी में भारतीय टीम का स्कोर 4 विकेट पर केवल 38 था, लेकिन सचिन ने धैर्य के साथ अपनी टीम को संकट से उबार लिया। 101 रनों की इस महत्त्वपूर्ण साझेदारी में सचिन का जोड़ीदार कौन था?

102. अंतरराष्ट्रीय क्रिकेट में सचिन ने किस क्रिकेट स्टेडियम में अपना दूसरा अर्ध-शतक बनाया? (संकेत : यह अर्धशतक सचिन ने पाकिस्तान के खिलाफ अपनी प्रारंभिक सीरीज के दौरान बनाया था।)

103. अपनी प्रारंभिक श्रृंखला के चौथे टेस्ट के दौरान सचिन ने तेज गति से आती एक ऊँची गेंद (बाउंसर) से अपनी नाक पर चोट लगने के बाद चिकित्सा सहायता लेने से मना कर दिया और अत्यधिक खून बहने के बावजूद उन्होंने धैर्य के साथ अपना अर्ध-शतक (57 रन) पूरा किया। वह गेंदबाज कौन था?

उत्तर के लिए कृपया पृष्ठ सं. 149 देखें।

राज भाई की स्मृति में

राजसिंह डूँगरपुर को सचिन 'राज भाई' कहकर पुकारते थे और सचिन के जीवन पर उनका अत्यधिक प्रभाव था। उन्होंने क्रिकेट क्लब ऑफ इंडिया के नियम बदल दिए, जिससे कि 18 वर्षीय लिटिल मास्टर ड्रेसिंग रूम का प्रयोग कर सकें। वह बी.सी.सी.आई. की उस चयन समिति के अध्यक्ष थे, जिसने अद्‌भुत सचिन को उसकी पहली अंतरराष्ट्रीय टेस्ट सीरीज के लिए चुना। डूँगरपुर की मृत्यु के कुछ दिन बाद ही सचिन ने अपना चौवालीसवाँ एकदिवसीय शतक 'ग्रैंड ओल्ड मैन ऑफ इंडियन क्रिकेट' को समर्पित किया। सचिन ने मैच जितानेवाला 138 रन का वह स्कोर सन् 2009 में कॉम्पैक कप फाइनल में आर. प्रेमदासा स्टेडियम, कोलंबो में बनाया।

104. सचिन ने 18 दिसंबर, 1989 को किस देश के विरुद्ध अपना पहला एकदिवसीय अंतरराष्ट्रीय मैच खेला?
105. उस जगह का नाम बताएँ, जहाँ सचिन ने अपना पहला एकदिवसीय मैच खेला?
106. उस पूर्व भारतीय बल्लेबाज का नाम बताएँ, जिसके आउट हो जाने पर सचिन को पहली बार किसी एकदिवसीय अंतरराष्ट्रीय मैच में क्रीज पर आने का मौका मिला?
107. सचिन ने जब पहली बार एकदिवसीय मैच खेला, तब सीमित ओवर के मैच में खेलनेवाला वह दूसरे सबसे युवा क्रिकेट खिलाड़ी थे। सबसे कम आयु का पहला क्रिकेट खिलाड़ी कौन था?
108. सचिन ने अपने प्रथम एकदिवसीय मैच में कितने रन बनाए?
109. सचिन ने अपना जो पहला एकदिवसीय मैच खेला, उसमें दो अन्य भारतीय क्रिकेटर भी पहली बार खेल रहे थे। वे कौन थे?

उत्तर के लिए कृपया पृष्ठ सं. 149 देखें।

कोई टेस्ट नहीं, केवल रणजी

दसवीं कक्षा पास करने के बाद सचिन ने हायर सेकंडरी के लिए कीर्ति कॉलेज में दाखिला ले लिया। लेकिन अंतरराष्ट्रीय यात्राओं और क्रिकेट मैचों की भरमार के कारण सचिन के लिए कक्षाओं में उपस्थित रहना और अपनी कक्षा 12 की परीक्षाएँ उत्तीर्ण करना असंभव हो गया। दिलचस्प बात तो यह है कि शिक्षा बोर्ड के नियम के अंतर्गत यह व्यवस्था थी कि यदि कोई खिलाड़ी इंटरवर्सिटी या रणजी ट्रॉफी में खेल रहा है तो उसे प्रोत्साहित किया जाना चाहिए। अजीब सी बात है कि अंतरराष्ट्रीय क्रिकेट का उसमें कोई जिक्र नहीं था। सचिन उस समय टेस्ट क्रिकेट खेल रहा था। ऐसी स्थिति के चलते सचिन के पिता प्रो. रमेश तेंदुलकर और कॉलेज के प्रिंसिपल को शिक्षा निदेशक से मिलने और उसे यह समझाने के लिए विवश होना पड़ा कि शिक्षा बोर्ड के नियमों में 'टेस्ट क्रिकेट' को भी शामिल किया जाना चाहिए।

110. एक सीमित ओवर के खेल में पहली बार किस पाकिस्तानी गेंदबाज ने सचिन को आउट किया?
111. सचिन को सन् 1989-90 सीरीज में पाकिस्तान के विरुद्ध चार एकदिवसीय मैचों में से पहले मैच में अपने एक दिवसीय का प्रारंभ करना था। भारी बरसात के कारण वह मैच रद्द हो गया। फिर उसके स्थान पर दोनों टीमों के बीच 20-20 ओवर का एक नुमाइशी मैच खेला गया। वह मैच कहाँ खेला गया था?
112. उक्त मैच में सचिन ने कितने रन बनाए?
113. 1989-90 में पेशावर में 18 गेंदों पर नाबाद 53 रनों का शानदार स्कोर बनाकर खेलते हुए सचिन ने एक पाकिस्तानी गेंदबाज के एक ही ओवर में लगातार तीन छक्के लगाकर 27 रन बनाए। वह गेंदबाज कौन था?

उत्तर के लिए कृपया पृष्ठ सं. 149 देखें।

114. 17 वर्ष और 118 दिनों की उम्र में टेस्ट क्रिकेट में प्रवेश करनेवाला सबसे कम उम्र का वह भारतीय खिलाड़ी कौन था, जिसका रिकॉर्ड सन् 1989 में सचिन ने तोड़ा?

115. सचिन 16 वर्ष और 238 दिनों की उम्र में एकदिवसीय मैच में खेलनेवाले सबसे कम उम्र के भारतीय खिलाड़ी बने। सचिन से पहले यह रिकॉर्ड उनकी टीम के किस पूर्व सदस्य के नाम था?

116. 16 वर्ष और 205 दिनों की उम्र में टेस्ट क्रिकेट में पदार्पण के बाद सचिन को सबसे कम उम्र का भारतीय टेस्ट क्रिकेट खिलाड़ी होने का खिताब मिला। टेस्ट क्रिकेट में प्रवेश पानेवाले अत्यंत युवा भारतीय खिलाड़ियों की सार्वकालिक सूची में दूसरा स्थान किसे प्राप्त है? (संकेत : उस क्रिकेट खिलाड़ी ने वर्ष 2006 में मोहाली में इंग्लैंड के विरुद्ध अपना पहला टेस्ट खेला था।)

लैशिंग्स में सचिन की बल्लेबाजी

सन् 2006 में सचिन ने एक अंतरराष्ट्रीय दौरे पर जाने से पहले पुनः स्वास्थ्य लाभ प्राप्त करने के उद्‌देश्य से लैशिंग्स वर्ल्ड 3द्व में पाँच मैच खेले। लैशिंग्स 3द्व के लिए पाँच मैचों में सचिन ने क्रमशः 155, 147 (रिटायर्ड हर्ट), 98, 101 (रिटायर्ड) तथा 105 रन बनाए और उनका चमत्कारिक स्ट्राइक रेट 100 से भी अधिक रहा।

117. सन् 1989 में पाकिस्तान में अंतरराष्ट्रीय क्रिकेट में अपनी शुरुआत करने के बाद सचिन किस पहली सीरीज में खेला?

118. सचिन किस देश के विरुद्ध टेस्ट क्रिकेट में पहली बार 'डक' (रऩ) पर आउट हुआ?

119. किस पहले गेंदबाज ने तेंदुलकर को टेस्ट क्रिकेट में पहली गेंद पर शून्य पर आउट किया?

120. किस देश के विरुद्ध खेलते हुए सचिन टेस्ट क्रिकेट में सबसे युवा

उत्तर के लिए कृपया पृष्ठ सं. 149 देखें।

शतकवीर बनने का अवसर चूक गए, जब 88 रनों पर उन्हें आउट कर दिया गया?

121. किस गेंदबाज ने सचिन को नेपियर में टेस्ट क्रिकेट में 88 रनों पर आउट करके शतक बनाने से रोक दिया और इस तरह वह टेस्ट क्रिकेट में शतक बनानेवाले सबसे युवा खिलाड़ी बनने से रह गए?

जावेद का विकेट

टेस्ट मैचों में सचिन को पाँच बार पहली ही गेंद पर शून्य पर आउट किया गया है, लेकिन एकदिवसीय अंतरराष्ट्रीय मैचों में वह आज तक केवल एक बार पहली गेंद पर 'शून्य' पर आउट हुए हैं। पाकिस्तान के पूर्व तेज गति गेंदबाज अकिब जावेद ने उन्हें 1991 में शारजाह में खेले गए विल्स ट्रॉफी फाइनल में पहली ही गेंद पर एल.बी.डब्ल्यू. द्वारा शून्य पर आउट किया था। जावेद ने उसी मैच में अपनी नामी हैट ट्रिक भी पूरी की।

122. नेपियर टेस्ट में किस क्रिकेट खिलाड़ी ने सचिन का कैच लिया, जिसके कारण वह टेस्ट क्रिकेट में युवतम शतकवीर बनने का अवसर चूक गए और इस तरह मुश्ताक मोहम्मद का रिकॉर्ड नहीं तोड़ पाए?

123. नेपियर में 88 रनों की अपनी मशहूर पारी में सचिन ने जिस बल्लेबाज के साथ न्यूजीलैंड के विरुद्ध सातवें विकेट की साझेदारी की थी, संयोगवश उसी पारी में उस बल्लेबाज ने 73 रनों का अपना सर्वश्रेष्ठ टेस्ट स्कोर बनाया। उस बल्लेबाज का नाम बताएँ। (संकेत : यह 128 रन की साझेदारी थी।)

एक भविष्यवाणी

सचिन ने जब शारदाश्रम की ओर से खेलते हुए डॉन बास्को के विरुद्ध अपना पहला अर्ध-शतक बनाया, तब वह केवल 11 वर्ष के थे,

उत्तर के लिए कृपया पृष्ठ सं. 149 देखें।

लेकिन उस खेल के अंपायर डी. एस. गोंधलेकर ने तत्काल सचिन के कोच रमाकांत अचरेकर से कहा था कि यह लड़का एक दिन भारत के लिए खेलेगा। उस समय अचरेकर को गोंधलेकर की बात पर विश्वास नहीं हो रहा था; किंतु पाँच वर्ष बाद उनकी भविष्यवाणी सच साबित हुई, जब सचिन ने कराची में इमरान, अकरम और वकार की गेंदबाजी का सामना किया।

124. सचिन ने सन् 1990 में लॉर्ड्स में अपने पहले टेस्ट की पहली पारी में कितने रन बनाए?
125. किस भारतीय ऑल-राउंडर ने पूर्व भारतीय कप्तान मोहम्मद अजहरुद्दीन को प्रारंभिक बल्लेबाज के रूप में उन्नत किया, ताकि सन् 1990 के लॉर्ड्स टेस्ट में खेलनेवाले XI खिलाड़ियों में सचिन को शामिल किया जा सके?
126. 1990 टेस्ट के दौरान सचिन ने गेंदबाज के पीछे लंबे-चौड़े मैदान में 30 गज से भी दूर एक बिंदु तक झपट्टे के साथ पहुँच घुटने की ऊँचाई पर सिर्फ एक हाथ से जो सीधा कैच पकड़ा, वह परले मैदान में जाकर पकड़े गए ऐसे शानदार कैचों में से एक था, जो लॉर्ड्स के मैदान में पहले कभी नहीं देखने को मिला होगा। इंग्लैंड का वह अभागा बल्लेबाज कौन था?
127. सचिन ने किस मैदान पर अपना सबसे पहला टेस्ट शतक बनाया?
128. सन् 1990 में सचिन ने टेस्ट मैच में जब अपना पहला शतक बनाया, उस समय उसकी उम्र क्या थी?
129. सबसे युवा खिलाड़ी के रूप में टेस्ट शतक बनाने का रिकॉर्ड पाकिस्तान के मुश्ताक मोहम्मद के नाम है। सचिन कितने दिनों के अंतर से उस रिकॉर्ड को तोड़ने में चूक गए?
130. सन् 1990 में सचिन ने ओल्ड ट्रैफर्ड में अपना पहला शानदार शतक पूरा करते हुए कितने रन बनाए?

उत्तर के लिए कृपया पृष्ठ सं. 149 व 150 देखें।

मुरली बनाम सचिन

टेस्ट क्रिकेट में सचिन को सबसे अधिक बार आउट करने का रिकॉर्ड श्रीलंका के महान् ऑफ स्पिनर मुथैया मुरलीधरन के नाम है। टेस्ट मैचों में सबसे अधिक विकेट लेनेवाले इस गेंदबाज ने सर्वाधिक रन बनानेवाले का विकेट आठ बार चटकाया है, जो एक रिकॉर्ड है।

131. किस भारतीय बल्लेबाज ने सन् 1990 के मैनचेस्टर टेस्ट में अविजित 67 रन बनाकर सचिन को अपना पहला शतक पूरा करने दिया और दोनों ने मिलकर सातवें विकेट के लिए 160 रनों की साझेदारी द्वारा मैच को बचाया?
132. मैनचेस्टर टेस्ट की पहली पारी में किस भारतीय बल्लेबाज ने पाँचवें विकेट के लिए सचिन के साथ 112 रन की साझेदारी करने के लिए शानदार 179 रन ठोके?
133. सन् 1990 में सचिन के ऐतिहासिक मैनचेस्टर टेस्ट के दौरान किस विख्यात भारतीय क्रिकेट खिलाड़ी ने टेस्ट क्रिकेट में प्रवेश किया?
134. सन् 1990 में ओल्ड ट्रैफर्ड में अपना पहला शतक बनाते समय भाग्य ने सचिन का साथ दिया, क्योंकि इंग्लैंड का गेंदबाज एक आसान-सा वापसी कैच लेने से चूक गया, जब छुटके उस्ताद 10 रन पर बल्लेबाजी कर रहे थे। उस गेंदबाज का नाम क्या है?

अंधविश्वास के कारण पहले बायाँ पैड पहनते हैं सचिन

विपत्ति को टालने के लिए पैड पहनने में अंधविश्वास का पालन जिम्मी अमरनाथ और स्टीव वॉ दोनों लाल रूमाल का इस्तेमाल करते थे तो लोकप्रिय अंपायर डेविड शेफर्ड को 'नेल्सन' उछल-कूद के लिए प्रसिद्धि प्राप्त थी। क्रिकेट ने ऐसे अनेक अंधविश्वास देखे हैं और सचिन भी कोई अपवाद नहीं हैं। मास्टर ब्लास्टर जब पैड पहनते हैं तो वह अपने दाएँ पैड से पहले हमेशा बायाँ पैड पहनते हैं।

उत्तर के लिए कृपया पृष्ठ सं. 150 देखें।

135. एकदिवसीय मैच में पहली बार खेल रहे किस किवी गेंदबाज ने सन् 1990 में सचिन को लगातार दूसरी बार शून्य पर आउट किया? ड्यूनेडिन में यह सचिन का केवल दूसरा एकदिवसीय मैच था।

136. एकदिवसीय क्रिकेट में सचिन ने किस देश के विरुद्ध अपना पहला रन बनाया?

137. सचिन को किस देश के विरुद्ध पहली बार भारतीय टीम से बाहर रखा गया?

138. सन् 1989-90 में शारजाह में खेले गए ऑस्ट्रल-एशिया कप के पहले मैच में सचिन ने एकदिवसीय अंतरराष्ट्रीय मैचों में अपना सबसे पहला कैच लिया। वह बल्लेबाज कौन था जिसका कैच उन्होंने पकड़ा?

139. मजे की बात यह है कि सचिन द्वारा खेले गए एकदिवसीय मैचों में से पहले-पहले कुछेक मैच पूरे 50 ओवर के नहीं थे, क्योंकि जहाँ-जहाँ वे मैच खेले जा रहे थे, वहाँ या तो भारी बरसात हो गई या मौसम खराब हो गया। सचिन ने किस देश के विरुद्ध 50 ओवर का पहला पूरा मैच खेला?

140. सचिन ने किसी अंतरराष्ट्रीय मैच (टेस्ट और एकदिवसीय मैचों दोनों) में पहला छक्का 1990 में इंग्लैंड के विरुद्ध लीड्स में खेले गए एक एकदिवसीय मैच में लगाया था। किस गेंदबाज द्वारा डाली गई गेंद पर सचिन ने वह सीधा छक्का मारा?

अंधविश्वासी कप्तान

भारतीय टीम का कप्तान बनने पर सचिन कुछ अधिक ही अंधविश्वासी हो गए। अपनी कप्तानी के दौरान मास्टर ब्लास्टर आउट हो जाने के बाद भी तब तक अपनी खेल पोशाक कभी नहीं उतारते थे, जब तक उनके साथी बल्लेबाजी कर रहे होते थे।

उत्तर के लिए कृपया पृष्ठ सं. 150 देखें।

141. एक गेंदबाज के रूप में सचिन के आँकड़े उनके पहले टेस्ट और एकदिवसीय पारी में एक जैसे हैं। वे आँकड़े क्या हैं?
142. सचिन अपने घरेलू मैदान पर, अर्थात् भारत में पहली बार (टेस्ट क्रिकेट और एकदिवसीय मैच दोनों में) किस देश के विरुद्ध खेले?
143. अपने देश की धरती पर अपना सबसे पहला टेस्ट खेलने से पहले सचिन विदेश में कितने टेस्ट मैच खेल चुके थे?
144. सचिन ने सन् 1990 में स्वदेश में अपनी सबसे पहली पारी में कितने रन बनाए?
145. सचिन पहली बार किस देश के विरुद्ध मैच जीतनेवाली भारतीय टीम में शामिल थे?
146. सचिन ने भारत की धरती पर अपना सबसे पहला अंतरराष्ट्रीय मैच सन् 1990 में खेला था। वह कौन सा क्रिकेट मैदान है, जहाँ सचिन ने अपना यह पहला मैच खेला?
147. सचिन ने एकदिवसीय अंतरराष्ट्रीय मैचों में सबसे पहला विकेट किस बल्लेबाज का लिया? (संकेत : वह मैच सन् 1990 में पुणे में खेला गया था।)
148. सचिन ने किस देश के विरुद्ध अपना पहला एकदिवसीय अर्धशतक बनाया?

टॉप स्कोर, नो स्पांसर

सन् 1995 में वर्ल्डटेल के साथ हुए सौदे ने सचिन को विश्व का सबसे अमीर क्रिकेट खिलाड़ी बना दिया, लेकिन एक वर्ष बाद सचिन ने जब सन् 1996 विश्व कप में भाग लिया तब उनके पास कोई बैट कॉण्ट्रेक्ट (बल्ले पर विज्ञापन संबंधी अनुबंध) नहीं था। उस महान् प्रतियोगिता में सचिन ने सर्वाधिक रन बनाए, जिसके फलस्वरूप प्रमुख टायर कंपनी एम.आर.एफ. ने विज्ञापन अनुबंध के लिए सचिन से संपर्क किया।

उत्तर के लिए कृपया पृष्ठ सं. 150 देखें।

9 बार आउट करने का रिकॉर्ड

अगर आज तक का रिकॉर्ड देखें तो पता चलता है कि तीन गेंदबाजों ने एकदिवसीय मैचों में सचिन को सबसे अधिक बार आउट किया है। श्रीलंका के तेज गति के गेंदबाज चामिंडा वास, दक्षिण अफ्रीका के तेज गेंदबाज शॉन पोलॉक और आस्ट्रेलिया के तेज गति गेंदबाज ब्रेट ली ने तेंदुलकर को एकदिवसीय अंतरराष्ट्रीय मैचों में नौ-नौ बार आउट किया है।

कुंबले को सचिन की देन

यकीन करें या न करें, अंधविश्वासी सचिन के कारण ही अनिल कुंबले दिल्ली के फिरोजशाह कोटला मैदान में पाकिस्तान के खिलाफ पूरे दस-के-दस विकेट लेने में सफल हुए। उस ऐतिहासिक दूसरी पारी के दौरान जब-जब कुंबले कोई ओवर डालने आते, कुंबले का स्वेटर और कैप सचिन अंपायर को पहले ही पकड़ा देते। बड़े अचंभे की बात है कि कुंबले को हर उस ओवर में एक विकेट मिला, जिस-जिस ओवर में सचिन ने ऐसा किया।

उत्तर के लिए कृपया पृष्ठ सं. 150 देखें।

149. सचिन ने 41 गेंदों में 53 रन बनाए, 2 विकेट लिए और बड़ी चतुरता के साथ एक बल्लेबाज को रन आउट कराया। इस अच्छे प्रदर्शन के कारण सचिन को एकदिवसीय मैच में अपना पहला 'मैन ऑफ द मैच' पुरस्कार मिला। वह किस देश के विरुद्ध खेल रहे थे?

150. सचिन ने सन् 1990-91 एशिया कप के फाइनल में श्रीलंका के विरुद्ध कितने रन बनाए? (संकेत : सचिन ने इस मैच के साथ कोलकाता के ईडन गार्डन में पहली बार प्रवेश किया?)

□

उत्तर के लिए कृपया पृष्ठ सं. 150 देखें।

4

फोटो साभार : दिव्यांगशु सरकार

फोटो साभार : दिव्यांगशु सरकार

खेल को नई दिशा देनेवाला महान् खिलाड़ी

ओल्ड ट्रैफर्ड का निस्तारक आगे चलकर एक मैच विजेता खिलाड़ी बन गया। तेंदुलकर का सितारा तेजी से ऊपर चढ़ने लगा। ऑस्ट्रेलिया की जमीन पर एक शानदार शतक, प्रोटीज के विरुद्ध ऐतिहासिक श्रृंखला में एक अत्यंत प्रभावशाली प्रदर्शन के साथ स्वर्णिम भुजाओंवाले इस अद्भुत इनसान ने एक के-बाद एक ऐसे कीर्तिमान स्थापित करने शुरू कर दिए, जिन्हें पाने के लिए दूसरों के मन में तीव्र इच्छा उत्पन्न हो। तेंदुलकर ने एक सदी पुरानी उस काउंटी परंपरा को भी तोड़ दिया, जिसके चलते विदेशी खिलाड़ियों को काउंटी टीम में खेलने के लिए आमंत्रित नहीं किया जाता था।

151. वर्ष 1991 में सचिन ने शारजाह में खेले गए एक एकदिवसीय में किस देश के विरुद्ध 40 गेंदों से शानदार 52 नाबाद रन बनाए?
152. अंतरराष्ट्रीय क्रिकेट में सचिन पहली बार किस मैच में अपने बालसखा विनोद कांबली के साथ खेले?
153. सचिन ने 22 अक्तूबर, 1991 को शारजाह में किस देश के खिलाफ 4

उत्तर के लिए कृपया पृष्ठ सं. 150 देखें।

विकेट लिए, केवल 34 रन दिए और 11 अविजित रन बनाकर भारत को जीत दिलाई ?

154. पाकिस्तान के किस एवजी फील्डर ने 23 अक्तूबर, 1991 को शारजाह में अद्भुत ढंग से कैच पकड़कर सचिन को उस समय आउट कर दिया, जब वह 38 गेंदों पर तेजी से 49 रन बनाकर भारत को पाकिस्तान के खिलाफ जीत के निकट ला रहे थे ?

155. 25 अक्तूबर, 1991 को शारजाह क्रिकेट एसोसिएशन स्टेडियम में पाकिस्तान के विरुद्ध एकदिवसीय मैच के दौरान सचिन को पहली बार एक पाकिस्तानी गेंदबाज ने पहली गेंद पर ही शून्य पर ऑउट कर दिया था। वह गेंदबाज कौन था ?

156. सचिन ने 10 नवंबर, 1991 को कोलकाता के ईडन गार्डन में पहली बार खेलते हुए किस देश के खिलाफ शानदार 62 रन बनाए ?

सनी की बराबरी

भारत ने जब सन् 1996 में दिल्ली के फिरोजशाह कोटला मैदान में बॉर्डर-गावस्कर टेस्ट सीरीज के उद्घाटन-स्वरूप एक टेस्ट मैच जीता, सचिन ऑस्ट्रेलिया को पराजित करनेवाले पहले भारतीय कप्तान बन गए। सचिन से पहले यह कामयाबी सन् 1980-81 में सुनील गावस्कर को हासिल हुई थी।

157. दक्षिण अफ्रीका ने अंतरराष्ट्रीय क्रिकेट में अपनी वापसी के बाद जो पहला एकदिवसीय मैच खेला, उसमें सचिन ने 'मैन ऑफ द मैच अवार्ड' को एक ऐसे क्रिकेटर के साथ साझा किया, जिसने कोलकाता के ईडन गार्डन में उसी मैच में 5 विकेट चटकाए थे। उस क्रिकेटर का नाम बताएँ।

158. 6 दिसंबर, 1991 को सचिन ने पर्थ में अंतिम विकेट लेकर भारत को

उत्तर के लिए कृपया पृष्ठ सं. 150 देखें।

रोमांचक ढंग से बराबरी पर ला दिया। भारत किस देश के विरुद्ध खेल रहे थे?

159. पर्थ में सचिन ने किस बल्लेबाज का विकेट लेकर मैच को 'टाई' करा दिया?

160. 10 दिसंबर, 1991 को सचिन ने किस मैदान पर ऑस्ट्रेलिया के खिलाफ अपना पहला एकदिवसीय अर्ध-शतक बनाया?

पाकिस्तान की ओर सचिन की प्रथम यात्रा

सचिन ने भले ही सन् 1989 में पाकिस्तान के विरुद्ध अपने अंतरराष्ट्रीय क्रिकेट जीवन का श्रीगणेश किया हो, लेकिन विश्वास हो या न हो, भारतीय टोपी पहनने से पहले ही वह इमरान खान, वसीम अकरम, रमीज राजा और मुदस्सर नजर जैसे जाने-माने खिलाड़ियों के संपर्क में आ चुके थे। क्रिकेट क्लब ऑफ इंडिया (सी.सी.आई.) का एक स्वैच्छिक सदस्य होने के नाते युवा सचिन ने सन् 1987-88 में मुंबई के इतिहास-प्रसिद्ध ब्रेबोर्न स्टेडियम में सी.सी.आई. गोल्डन जुबली XI के विरुद्ध एक अभ्यास मैच में पाकिस्तान XI के लिए क्षेत्र-रक्षण किया था, जिसका नेतृत्व इमरान खान कर रहे थे।

161. 10 दिसंबर, 1991 को ऑस्ट्रेलिया के विरुद्ध एकदिवसीय मैच में सचिन ने डीन जोंस का विकेट लेकर एक भारतीय खिलाड़ी को अपनी पहली सेंचुरी पूरी करने का अवसर दिया और यह उनके अंतरराष्ट्रीय कैरियर का एकमात्र विकेट था। वह क्रिकेट खिलाड़ी कौन था?

162. 1991 में अंतरराष्ट्रीय क्रिकेट में वापसी के बाद से कोलकाता के ईडन गार्डन में दक्षिण अफ्रीका के अब तक के पहले एकदिवसीय मैच में सचिन ने उस टीम की ओर से सबसे अधिक रन बनानेवाले खिलाड़ी का महत्त्वपूर्ण विकेट उस समय झटक लिया जब वह अर्ध-शतक बना चुका था। वह बल्लेबाज कौन था?

उत्तर के लिए कृपया पृष्ठ सं. 150 देखें।

163. अंतरराष्ट्रीय क्रिकेट में वापसी के बाद से दक्षिण अफ्रीका के अब तक के पहले एकदिवसीय मैच में सचिन ने भारत को ऐतिहासिक विजय की ओर ले जाने में एक ऐसे खिलाड़ी के साथ महत्त्वपूर्ण साझेदारी निभाई, जो अंतरराष्ट्रीय क्रिकेट में पहली बार खेल रहा था। सचिन के उस जोड़ीदार का नाम बताएँ।

164. 11 जनवरी को ब्रिस्बेन में वेस्टइंडीज के खिलाफ खेले गए एकदिवसीय मैच में सचिन ने शानदार 77 रन अपने खाते में बटोरते हुए एक नवागत भारतीय खिलाड़ी के साथ पाँचवें विकेट के लिए 27 रन की साझेदारी की थी। वह खिलाड़ी कौन था?

165. ऑस्ट्रेलिया के एक क्रिकेट खिलाड़ी ने सन् 1991-92 में सिडनी में बेंसन एंड हेजेज वर्ल्ड सीरीज कप के दूसरे फाइनल में अपनी ही गेंदबाजी पर 68 रन पर सचिन का कैच छोड़ दिया था, जिसके बाद लिटिल मास्टर ने 69 रन का शानदार स्कोर बनाया। उस क्रिकेटर का नाम बताएँ।

बॉल बाइ सचिन

सन् 1987 में मुंबई के वानखेड़े स्टेडियम में इंग्लैंड के खिलाफ सेमीफाइनल में भारत की बुरी पराजय के दौरान सचिन एक बॉलबाइ बने हुए थे। वह दिन लिटिल मास्टर का वास्तव में बहुत व्यस्त दिन रहा। ग्राहम गूच और माइक गैटिंग की तड़ातड़ बल्लेबाजी गेंदों को सीमा रेखा के पार भेज रही थी, जहाँ से सचिन गेंद को उठाने और वापस फेंकने का काम कर रहे थे। संयोगवश, वर्ल्ड कप में भारत का अगला मैच सन् 1992 वर्ल्ड कप में इंग्लैंड के खिलाफ ही था और भारत की ओर से खेलनेवाले उद्ध खिलाड़ियों की टीम में सचिन शामिल थे।

166. सन् 1991-92 में बेंसन एंड हेजेज वर्ल्ड सीरीज कप के दूसरे फाइनल में सचिन के शानदार 69 रन बन जाने के बाद स्टीव वॉ की गेंद पर

उत्तर के लिए कृपया पृष्ठ सं. 150 देखें।

ऑस्ट्रेलिया के किस गेंदबाज ने आश्चर्यजनक कैच लेकर सचिन को चलता किया, जिसके कारण भारत को हार का सामना करना पड़ा?

टाइगर गरजता रहेगा

जब सचिन ने 23 वर्ष और 169 दिनों की उम्र में, सन् 1996 में, दिल्ली में ऑस्ट्रेलिया के विरुद्ध इकलौते टेस्ट में भारत का नेतृत्व किया, वह टेस्ट क्रिकेट में भारत की अगुआई करनेवाले दूसरे सबसे युवा कप्तान कहलाए। किसी टेस्ट मैच में भारत का नेतृत्व करनेवाले सबसे युवा कप्तान (21 वर्ष और 77 दिन की उम्र में कहलाने का रिकॉर्ड अभी भी एम.ए.के. पटौदी के नाम है।)

167. सचिन ने किस देश के विरुद्ध अपना सबसे पहला विश्व कप मैच खेला?
168. पर्थ में आयोजित सन् 1992 विश्व कप प्रतियोगिता में सचिन पहली बार विश्व कप के लिए खेल रहे थे और 35 रन बना चुके थे, तभी इंग्लैंड के एक क्रिकेटर ने सचिन को आउट करके इंग्लैंड के हौसले बुलंद कर दिए। सचिन को क्रीज से उखाड़नेवाले उस खिलाड़ी का नाम बताएँ।
169. सचिन ने किस देश के खिलाफ अपना पहला विश्व कप अर्ध-शतक बनाया?
170. सचिन ने किस देश के विरुद्ध विश्व कप के एक मैच में अपना पहला 'मैन ऑफ द मैच' अवार्ड जीता?
171. सन् 1992 की ऐतिहासिक भारत बनाम पाकिस्तान विश्व कप प्रतियोगिता में सचिन न केवल 54 रन बनाकर नॉट-आउट रहे बल्कि उन्होंने उस मैच में पाकिस्तान के सबसे अधिक रन बनानेवाले खिलाड़ी का विकेट भी झटक लिया। वह बल्लेबाज कौन था?
172. सन् 1992 के वर्ल्ड कप में सचिन ने सिर्फ 77 गेंदों में 81 रन बनाए और एक विकेट भी लिया, जिसके फलस्वरूप उस प्रतियोगिता में उन्हें

उत्तर के लिए कृपया पृष्ठ सं. 150 देखें।

अपना दूसरा 'मैन ऑफ द मैच' अवार्ड मिला। भारत किस देश के विरुद्ध खेल रहा था?

173. सचिन ने अपने एकदिवसीय कैरियर में किस देश के विरुद्ध खेलते हुए 1,000 रन पूरे किए?

174. तेंदुलकर ने सन् 1992 विश्व कप प्रतियोगिता के दौरान ड्यूनेडिन में किस देश के विरुद्ध खेलते हुए अपना तीसरा अर्ध-शतक पूरा किया और 84 रन का सर्वश्रेष्ठ व्यक्तिगत स्कोर बनाया?

सचूची बाई

सचिन जब छोटे बच्चे थे तो उसकी देखभाल एक आया किया करती थी, जिसे सचूची बाई (मराठी में सचिन की आया) कहा जाता है, हालाँकि उसका असली नाम लक्ष्मीबाई है। छुटके उस्ताद जब बारह वर्ष के थे, वह छोड़कर चली गई; लेकिन जब सचिन का विवाह हुआ तो सचिन ने लक्ष्मीबाई को लाने के लिए बांद्रा के निकट खार दंदा में उसके घर एक कार भेजी।

175. सन् 1992 में दक्षिण अफ्रीका के ऐतिहासिक दौरे में भारत के पहले अभ्यासी मैच में सचिन ने किस टीम के विरुद्ध एक अविजित शतक बनाया?

176. सन् 1991-92 टेस्ट शृंखला में सचिन ने ऑस्ट्रेलिया में किस मैदान पर शानदार 148 नाबाद रन बनाए और एक टेस्ट शतक बनानेवाले सबसे युवा बल्लेबाज कहलाए?

177. सचिन ने जब सिडनी में ऐतिहासिक नाबाद 148 रन बनाए, तब उसने एक ऐसे बल्लेबाज के साथ ऑस्ट्रेलिया के विरुद्ध पाँचवें विकेट पर भारत की 196 रन की सबसे बड़ी साझेदारी निभाई, जिसने उस पारी में 206 रन बनाए थे। उस बल्लेबाज का नाम बताएँ।

178. सिडनी में नाबाद 148 रनों का शानदार स्कोर करते हुए सचिन ने

उत्तर के लिए कृपया पृष्ठ सं. 151 देखें।

अधिकतर रन ऑस्ट्रेलिया की ओर से एक नवागत गेंदबाज की गेंदों से निकाले। उस गेंदबाज ने उस पारी में 150 रन देकर केवल 1 विकेट लिया। वह कौन था?

179. सन् 1991-92 में ऑस्ट्रेलिया दौरे पर रहते हुए सचिन ने किस मैदान पर टेस्ट सीरीज का अपना दूसरा शतक (114 रन) बनाया?

180. सन् 1991-92 ऑस्ट्रेलिया दौरे पर पर्थ टेस्ट में सचिन ने चकाचौंध करनेवाले 114 रन का स्कोर बनाने के साथ-साथ ऑस्ट्रेलिया के विरुद्ध नौवें विकेट के लिए 81 रन की शानदार साझेदारी का रिकॉर्ड भी कायम किया। सचिन ने किस भारतीय बल्लेबाज के साथ यह साझेदारी की?

181. 22 वर्ष और 222 दिनों के बाद खेलनेवाले किस गेंदबाज ने सन् 1992 में हरारे स्पोर्ट्स क्लब में जिंबाब्वे के खिलाफ सचिन को पहले-पहले टेस्ट में ही शून्य पर आउट किया?

रनर बन राहुल की मदद

सन् 1997 में इंडिपेंडेंस कप के लिए एम.ए. चिदंबरम स्टेडियम, चेन्नै में भारत और पाकिस्तान के बीच खेले गए मैच में सिर्फ 4 रन बनाकर आउट हुए सचिन ने लँगड़ाते हुए राहुल द्रविड़ का रनर बनकर कुछ देर के लिए उनकी मदद की। मजे की बात है कि सीमित ओवरों के अंतरराष्ट्रीय मैचों में अंततः अपना पहला शतक बना सकने में राहुल के लिए सचिन की मदद बहुत काम आई।

182. सन् 1992-93 शृंखला में भारत और दक्षिण अफ्रीका के बीच पहले ऐतिहासिक मैच में सचिन क्रिकेट के इतिहास में वह पहले बल्लेबाज कहलाए, जिन्हें एक तीसरे अंपायर के निर्णय द्वारा रन आउट घोषित किया गया। वह मैच किस मैदान पर खेला गया था?

183. सन् 1992 में दक्षिण अफ्रीका के विरुद्ध खेले गए टेस्ट में सचिन क्रिकेट के इतिहास में तीसरे अंपायर द्वारा आउट घोषित किए जानेवाले पहले

उत्तर के लिए कृपया पृष्ठ सं. 151 देखें।

क्रिकेट खिलाड़ी कहलाए। वह तीसरा अंपायर कौन था?

184. सन् 1992 के ऐतिहासिक टेस्ट में सचिन किस जोड़ीदार के साथ बल्लेबाजी कर रहे थे, जब उन्हें तीसरे अंपायर द्वारा रन आउट घोषित किया गया?

एक मित्र के लिए बल्लेबाजी

सचिन हाल ही में अपने एक दोस्त दलबीर सिंह की मदद के लिए आगे आए, जो सन् 2002 में हुई लगभग एक जानलेवा दुर्घटना के बाद बिस्तर से लग गए थे। सचिन ने उनके उपचार की जिम्मेदारी उठाई। मास्टर ब्लास्टर ने सिंह के साथ अंडर-17 क्रिकेट खेली थी और तब वे एक-दूसरे के अच्छे दोस्त बने हुए थे।

185. दक्षिण अफ्रीका के किस अंपायर ने सन् 1992 में दक्षिण अफ्रीका के विरुद्ध खेले गए मैच में तीसरे अंपायर को इशारा किया था।

186. सन् 1992 का डरबन टेस्ट सचिन को लेकर अनेक स्मरणीय घटनाओं का साक्षी बना। इस टेस्ट में सचिन न केवल ऐसे पहले बल्लेबाज बने जिसे किसी तीसरे अंपायर द्वारा आउट घोषित किया गया हो, बल्कि सचिन ने खेल की पहली ही गेंद पर एक शानदार कैच भी थर्ड स्लिप पर पकड़ लिया। वह बल्लेबाज कौन था? प्रसंगवश, वह जो भी था, 39 साल की उम्र में अपना पहला मैच खेल रहा था और उसने अपने पहले ही टेस्ट की पहली गेंद पर आउट होने का रिकॉर्ड बना दिया।

187. सन् 1992 में अनेक स्मरणीय घटनाओं के साक्षी डरबन टेस्ट में सचिन ने दक्षिण अफ्रीका के अब तक के उस पहले अश्वेत खिलाड़ी का कैच भी पकड़ा, जो उनकी टीम में 40 वर्ष और 295 दिनों की उम्र में अपना पहला टेस्ट मैच खेलनेवाला सबसे वृद्ध खिलाड़ी था। वह क्रिकेटर कौन था?

188. वह भारतीय बल्लेबाज कौन है, जो सचिन की तरह ही रमाकांत अचरेकर

उत्तर के लिए कृपया पृष्ठ सं. 151 देखें।

का शिष्य था और जिसने डरबन टेस्ट में पहली बार खेलते हुए एक शतक बनाया?

189. दक्षिण अफ्रीका के किस मैदान पर सचिन ने शानदार 111 रन बनाए, जो उसका चौथा टेस्ट शतक था और दक्षिण अफ्रीका के विरुद्ध पहला?

190. सन् 1992 में किस देश के विरुद्ध खेलते हुए सचिन टेस्ट क्रिकेट में 1,000 रन पूरे करनेवाले सबसे युवा खिलाड़ी बने?

191. सन् 1992 में जोहानिसबर्ग में सचिन ने जब 111 रनों का शानदार स्कोर बनाया, तब वह 19 वर्ष और 217 दिन के थे। इस स्कोर के साथ ही वह टेस्ट क्रिकेट में 1,000 रन पूरे करनेवाले सबसे युवा बल्लेबाज बन गए। इस तरह सचिन ने जिस क्रिकेट खिलाड़ी का रिकॉर्ड पार किया, उनका नाम बताएँ?

विकेटों के बीच जमे रहना

सचिन और कांबली ने कोच रमाकांत अचरेकर के अनुदेशों की अवज्ञा करते हुए हैरिस शील्ड में 664 रनों की रिकॉर्ड साझेदारी की। अचरेकर ने अपने सहायक कोच को हिदायत की थी कि पारी जल्दी समाप्त घोषित की जाए, लेकिन इन दोनों की जोड़ी उससे आँख न मिलाने का इरादा करके गाते और सीटी बजाते हुए बल्ला चलाने में मशगूल रही।

192. उस दक्षिण भारतीय ऑल-राउंडर का नाम बताएँ, जिसने जोहानिसबर्ग में सचिन को 111 रन पर आउट कर अपना सबसे पहला टेस्ट विकेट लिया और अपने टेस्ट कैरियर में चार बार और लिटिल मास्टर को पवेलियन वापस भेजा?

193. सन् 1992 में सचिन एक रूढ़िवादी इंग्लिश काउंटी की तरफ से खेलनेवाले पहले विदेशी क्रिकेटर बने। उस क्रिकेट क्लब का नाम बताएँ।

194. सचिन सन् 1992 में हेडिंग्ले लीड्स में बेंसन एंड हेजेज कप प्रतियोगिता

उत्तर के लिए कृपया पृष्ठ सं. 151 देखें।

के एक मैच में यॉर्कशायर की तरफ से पहली बार किस काउंटी के विरुद्ध खेले?

195. सचिन जब सन् 1992 काउंटी सीजन में यार्कशायर की ओर से खेले, तब उनका उच्चतम स्कोर क्या था?

196. यॉर्कशायर काउंटी क्रिकेट क्लब की ओर से खेलते समय सचिन का काउंटी कप्तान कौन था?

मैगनॅम ओपॅस के लिए मैगनॅम

(बड़े आयोजन के लिए बड़ी भेंट)

ओल्ड ट्रैफर्ड में पहला टेस्ट शतक लगाने के बाद सचिन को मैच बचानेवाली 119 रनों की नाबाद पारी के लिए 'मैन ऑफ द मैच' अवार्ड से नवाजा गया था। पुरस्कार के तौर पर उन्हें मैगनॅम शैंपेन की बोतल मिली थी, जिसे पीने का मजा वह तब नहीं उठा सके, क्योंकि वह तब तक अठारह के नहीं हुए थे (ब्रिटेन में उस समय सार्वजनिक स्थानों में शराब पीने की आयु सीमा 18 वर्ष निर्धारित थी)। सचिन ने वह बोतल आठ वर्ष तक बचाकर रखी और 1998 में अपनी बेटी सारा के पहले जन्मदिन के अवसर पर खोला।

197. किस संगठन ने 30,000 पाउंड का अंशदान किया, ताकि सचिन कुछ समय यॉर्कशायर के लिए खेल सकें?

198. सचिन ने किस काउंटी के विरुद्ध शानदार 107 रन बनाए, जो पूरे काउंटी सीजन में उनका एकमात्र शतक था?

199. आरंभ में ऑस्ट्रेलिया के किस गेंदबाज को यॉर्कशायर की तरफ से पहले विदेशी खिलाड़ी के रूप में खेलने के लिए आना था, लेकिन जिसे चोट लग जाने के कारण तत्कालीन क्लब अध्यक्ष सर लॉरेंस बाइफोर्ड को विवश होकर सचिन को लेना पड़ा।

200. हालाँकि सचिन को यॉर्कशायर की ओर से खेलनेवाला पहला विदेशी

उत्तर के लिए कृपया पृष्ठ सं. 151 देखें।

खिलाड़ी माना जाता है, लेकिन तकनीकी तौर पर लिटिल मास्टर से पहले कोई दूसरे खिलाड़ी को एक विदेशी खिलाड़ी के रूप में दर्ज किया गया था। वह कौन था? (संकेत: उस क्रिकेट खिलाड़ी का नाम एक स्वदेशी खिलाड़ी के रूप में दर्ज किया गया था, क्योंकि वह इंग्लैंड में पैदा हुआ था, लेकिन रहता ऑस्ट्रेलिया में था।)

□

उत्तर के लिए कृपया पृष्ठ सं. 151 देखें।

5

फोटो साभार : दिव्यांगशु सरकार

फोटो साभार : दिव्यांगशु सरकार

शिखर की ओर बढ़ते कदम

हीरो कप सेमी-फाइनल का जादुई अंतिम ओवर उद्घाटक यानी पहले बल्लेबाजी के लिए भेजे जानेवाले खिलाड़ी के रूप में तरक्की और श्रीलंका में प्रथम एकदिवसीय शतक—मास्टर ब्लास्टर ने अपने प्रतिद्वंद्वियों को मात देते हुए और उपलब्धियों की सूची में उनको पीछे छोड़ते हुए शिखर की ओर अपने तेज कदम बढ़ाने शुरू कर दिए।

201. सचिन ने सन् 1993 में भारतीय धरती पर एम.ए. चिदंबरम स्टेडियम, चेन्नै में अपना सबसे पहला शतक किस देश के विरुद्ध बनाया?

202. सचिन ने अपना पहला शतक (एकदिवसीय और टेस्ट मैच दोनों में) सन् 1993 में चेन्नै में इंग्लैंड के विरुद्ध दूसरे टेस्ट में बनाया था। उस समय सचिन का वह उच्चतम स्कोर था। सचिन ने कितने रन बनाए थे?

203. सचिन ने घरेलू टेस्ट शृंखला में पहली बार सन् 1992-93 में इंग्लैंड के विरुद्ध कोई टेस्ट अपने गृह नगर मुंबई में खेला। उस मैच में सचिन ने तीसरे विकेट के लिए 194 रन की साझेदारी करते हुए शानदार 78 रन बनाए और जिस खिलाड़ी के साथ मैच जितानेवाली यह साझेदारी

उत्तर के लिए कृपया पृष्ठ सं. 151 देखें।

निभाई, उस खिलाड़ी ने उसी मैच में दोहरा शतक बनाया। वह खिलाड़ी कौन था?

204. सन् 1992-93 में इंग्लैंड के विरुद्ध घरेलू टेस्ट शृंखला के दूसरे एकदिवसीय में सचिन ने अविजित 82 रन बनाए और उस खिलाड़ी के साथ साझेदारी की जो उसी दिन अपना जन्मदिन मना रहा था। इस जोड़ी ने साझेदारी में 164 रन बनाए। दूसरे खिलाड़ी का नाम बताएँ।

अस्थायी प्रारंभिक बल्लेबाजों के साथ प्रारंभिक बल्लेबाजी

(ओपनिंग विद नॉन ओपनर्स)

सचिन ने प्रारंभिक बल्लेबाज के रूप में अपने पहले 35 मैचों में केवल दो ही बल्लेबाजों के साथ पारी की शुरुआत की। सचिन के साथ बल्लेबाजी की शुरुआत करनेवाले पहले खिलाड़ी अजय जडेजा थे। कुछ मैचों के बाद लिटिल मास्टर ने मध्यम गति के तेज गेंदबाज मनोज प्रभाकर के साथ भी प्रारंभिक बल्लेबाजी की। संयोग से ये दोनों खिलाड़ी–अजय जडेजा और मनोज प्रभाकर कामचलाऊ प्रारंभिक बल्लेबाज थे।

205. अंतरराष्ट्रीय क्रिकेट में सचिन को तब भारत का नेतृत्व करने का अवसर मिला, जब एक टेस्ट के अंतिम दौर में ज्वर के कारण अजहरुद्दीन को मैदान से बाहर रहना पड़ा। वह कौन सा मैच था?

206. सचिन पहली बार जिस मैच में कप्तान बने, उस मैच में किस बल्लेबाज के साथ सचिन ने तीसरे विकेट के लिए 162 रनों की साझेदारी का रिकॉर्ड बनाया?

207. सन् 1993 हीरो कप के लिए भारत के पहले मैच में सचिन ने 1 विकेट लेने के अलावा 26 अविजित रन भी बनाए और भारत को विजय की ओर बढ़ाया। भारत उस मैच में किस देश के विरुद्ध खेल रहा था?

208. कोलकाता के ईडन गार्डन में खेले गए सन् 1993 हीरो कप सेमी-फाइनल में सचिन ने अंतिम ओवर में ऐसी चमत्कारिक गेंदबाजी की

उत्तर के लिए कृपया पृष्ठ सं. 151 देखें।

कि भारत की जीत निश्चित हो गई। भारत जिस देश के विरुद्ध खेल रहा था, उसका नाम बताएँ।

209. सन् 1993 हीरो कप सेमी-फाइनल में जीत के लिए विरोधी टीम को कितने रनों की जरूरत थी, जब सचिन ने अंतिम ओवर में करिश्माई गेंदबाजी करके उस टीम की जीत की उम्मीदों पर पानी फेर दिया?

210. सन् 1993 हीरो कप सेमी-फाइनल में भारत की जोरदार जीत में दक्षिण अफ्रीका ने उस अंतिम ओवर में कितने रन बनाए, जिसमें सचिन ने गेंद डाली थी?

211. सन् 1993 हीरो कप सेमी-फाइनल में सचिन द्वारा डाले गए अंतिम ओवर में दक्षिण अफ्रीका ने एक विकेट खो दिया। वह बल्लेबाज कौन था?

राठौर का रिकॉर्ड

पंजाब के पूर्व बल्लेबाज विक्रम राठौर को उन सभी एकदिवसीय मैचों में सचिन के साथ आरंभिक बल्लेबाजी करने का श्रेय प्राप्त है, जो मैच सचिन ने खेले। रांठौर ने सन् 1996 में अपना पहला एकदिवसीय मैच खेला और उसने भारत के लिए सात एकदिवसीय मैच खेले। इन सभी मैचों में वह सचिन के ओपनिंग पार्टनर (प्रारंभिक जोड़ीदार) रहे।

212. हीरो कप सेमी-फाइनल में दक्षिण अफ्रीका का कौन सा बल्लेबाज अविजित 48 रन बनाने के बावजूद सचिन की चमत्कारिक गेंदबाजी के कारण अपनी टीम को विजय दिलाने में असफल रहा?

213. सन् 1993 हीरो कप फाइनल में सचिन ने कोलकाता के ईडन गार्डनस में वेस्टइंडीज के खिलाफ कितने रन बनाए?

उत्तर के लिए कृपया पृष्ठ सं. 151 देखें।

तीसरा सर्वाधिक बहुमूल्य खिलाड़ी

सबसे पहली आई.पी.एल. नीलामी में मुंबई इंडियंस के 'यशस्वी खिलाड़ी' सचिन एम.एस. धोनी और एंड्र्यू साइमंड्स के बाद तीसरे सबसे महँगे क्रिकेट-खिलाड़ी रहे। सचिन को 1.2 मिलियन डॉलर का प्रस्ताव मिला, जबकि धोनी को चेन्नै सुपर किंग्स की ओर से 1.5 मिलियन डॉलर और साइमंड्स को डेक्कन चार्जर्स की तरफ से 1.35 मिलियन डॉलर का प्रस्ताव किया गया।

214. हीरो कप फाइनल में सचिन ने वेस्टइंडीज के विरुद्ध एक अत्यंत महत्त्वपूर्ण विकेट लिया। वह किसका विकेट था?

215. जिंबाब्वे के उस गेंदबाज का नाम बताएँ, जिसने नेहरू स्टेडियम, इंदौर में खेले गए भारत और जिंबाब्वे के बीच सन् 1993 हीरो कप के बराबरी पर छूटे मैच में पहली बार सचिन को आउट किया और फिर अपने क्रिकेट कैरियर में उसने और छह बार इस महान् बल्लेबाज का विकेट लिया?

216. सचिन ने किस स्टेडियम में खेलते हुए 1994 में श्रीलंका के विरुद्ध शानदार 142 रन बनाए? (संकेत : उस स्टेडियम के इतिहास में आज तक केवल एक बार टेस्ट मैच का आयोजन किया गया है।)

217. सचिन ने श्रीलंका के विरुद्ध सन् 1993-94 की घरेलू सीरीज के दौरान किस मैदान पर पहली बार 90 रनों के बाद 100 के आँकड़े तक पहुँचने से पहले ही अपना विकेट खोया?

218. 1993-94 की घरेलू सीरीज में श्रीलंका के विरुद्ध दूसरे टेस्ट में सचिन ने कितने रन बनाए, जब कुछ ही रनों से उनका शतक चूक गया?

219. सचिन के अलावा किस दूसरे भारतीय बल्लेबाज ने सन् 1994 में बंगलौर में खेले गए मैच में नर्वस नाइनटीज (90 का फेर) के दौरान अपना विकेट खोया?

उत्तर के लिए कृपया पृष्ठ सं. 151 देखें।

जिस इनसान जैसा वे बनना चाहते हैं

ऑस्ट्रेलिया के खिलाड़ी भले ही सचिन के कट्टर प्रतिद्वंद्वी हों, लेकिन वे मास्टर ब्लास्टर के लिए अपने दिल में एक विशेष स्थान रखते हैं। एंड्रयू साइमंड्स ने एक बार विशेष रूप से सचिन के लिए स्व-हस्ताक्षरित टी-शर्ट पर लिखा–'सचिन के लिए, जिसके जैसा हम सब बनना चाहते हैं (टू सचिन, द मैन वी ऑल वॉण्ट टू बी)।'

220. श्रीलंका के किस गेंदबाज ने सन् 1994 में बंगलौर में श्रीलंका के विरुद्ध दूसरे टेस्ट में सचिन को 96 रन पर आउट किया?
221. सन् 1994 के बंगलौर टेस्ट में सचिन ने जिस बल्लेबाज के साथ खेलते हुए सिर्फ 87 मिनट और 115 गेंदों में 100 रन की साझेदारी की। वह आखिरकार उसी पारी में एक शतक बनाने में सफल हुआ। वह बल्लेबाज कौन था?
222. सन् 1994 में श्रीलंका के विरुद्ध बंगलौर टेस्ट में सचिन एक शतक पूरा करने में केवल 4 रनों से चूक गए, लेकिन उसी मैच में एक और भारतीय क्रिकेटर ने डॉन अनुशसिरि का विकेट लेकर एक विश्व रिकॉर्ड तोड़ दिया। वह क्रिकेटर कौन था?
223. सचिन ने सन् 1994 में टेस्ट किक्रेट में जब 2000 रन पूरे किए, तब वह किस देश के विरुद्ध खेल रहे थे?
224. सचिन ने न्यूजीलैंड में किस स्टेडियम में खेलते हुए 47 गेंदों में 43 रन बनाकर मैच जीत लिया और टेस्ट क्रिकेट में 2000 रन पूरे किए?
225. सचिन ने सन् 1994 में राजकोट के म्यूनिसिपल स्टेडियम में किस देश के विरुद्ध एकदिवसीय मैच में 3 विकेट झटककर भारत को विजय दिलाई?

उत्तर के लिए कृपया पृष्ठ सं. 151 व 152 देखें।

हेडिंग्ले में त्रिमूर्ति का ऐतिहासिक प्रदर्शन

अंतरराष्ट्रीय क्रिकेट में ऐसा केवल एक उदाहरण है, जब भारतीय क्रिकेट के तीन प्रसिद्ध महारथियों—सचिन तेंदुलकर, सौरव गांगुली और राहुल द्रविड़— में से प्रत्येक ने एक ही पारी में एक-एक शतक बनाया। यह उत्कृष्ट प्रदर्शन सन् 2002 में भारत और इंग्लैंड के बीच हेडिंग्ले लीड्स में खेले गए तीसरे टेस्ट में देखने को मिला, जब सचिन ने 193, द्रविड़ ने 148 और गांगुली ने 128 रन बनाकर भारत को विजय दिलाई।

226. सन् 1994 में श्रीलंका के विरुद्ध राजकोट एकदिवसीय शृंखला में सचिन ने 3 महत्त्वपूर्ण विकेट लिए थे। उस मैच में पहली बार खेल रहे किस विकेटकीपर ने एक कैच लेकर और एक शानदार स्टंपिंग करके 2 विकेट लेने में सचिन की मदद की?
227. वह कौन सा मैदान है, जहाँ कोई अंतरराष्ट्रीय मैच अंतिम बार खेला गया और जहाँ सचिन ने सन् 1994 में श्रीलंका के विरुद्ध खेलते हुए एक अर्ध-शतक बनाया तथा 1 विकेट भी लिया और भारत को जीत तक पहुँचाया?
228. सचिन ने किसी एकदिवसीय अंतरराष्ट्रीय मैच में पहली बार भारत के लिए कब बल्लेबाजी का उद्घाटन किया?
229. सन् 1994 में किस मैदान पर सचिन ने पहली बार भारत की ओर से बल्लेबाजी का उद्घाटन किया?
230. सचिन ने एक सलामी बल्लेबाज (ओपनर) के रूप में अपने पहले मैच में भारत को जीत की दिशा में ले जाने के लिए कितने रन बनाए?
231. सन् 1994 में ऑकलैंड में न्यूजीलैंड के खिलाफ दूसरे एकदिवसीय में सचिन ने अंतरराष्ट्रीय क्रिकेट में पहली बार बल्लेबाजी में ओपनिंग किया। उनके पहले जोड़ीदार का नाम बताएँ?
232. बल्लेबाजी के क्रम में भारत की ओर से पहले बल्लेबाजी करनेवाले

उत्तर के लिए कृपया पृष्ठ सं. 152 देखें।

खिलाड़ी की गरदन में खिंचाव के कारण सचिन को 1994 में ऑकलैंड में न्यूजीलैंड के खिलाफ दूसरे एकदिवसीय में पहली बार बल्लेबाजी आरंभ करने के लिए आना पड़ा। वह खिलाड़ी कौन था?

महारथी सचिन और द्रविड़ 'द वॉल'

सचिन ने कई भारतीय खिलाड़ियों के साथ टेस्ट क्रिकेट में यादगार साझेदारी की है। लेकिन वह राहुल द्रविड़ ही हैं, जिसके साथ में मास्टर ब्लास्टर ने लंबी पारियाँ खेली हैं और दोनों ने मिलकर सर्वाधिक रन बनाए हैं। अनेक स्मरणीय विजयों का इतिहास रचने के अलावा सचिन और 'द वॉल' ने बल्लेबाजी की साझेदारी में कुल मिलाकर 6,000 से अधिक रन बनाए हैं।

233. लिटिल मास्टर जब 49 गेंदों में दमदार 82 रन बना चुके थे, तब किस कीवी स्पिनर ने अपनी ही गेंद पर उनका कैच लेकर उन्हें आउट कर दिया?

234. सन् 1993-94 के न्यूजीलैंड दौरे में किस मैदान पर सचिन ने 75 गेंदों से शानदार 63 रन बनाकर भारत को जीत तक पहुँचाया?

235. क्रिकेट के मैदान में पहली बार उतरे किस देश के विरुद्ध खेलते हुए सचिन ने शारजाह क्रिकेट एसोसिएशन स्टेडियम में सन् 1994 ऑस्ट्रल-एशिया कप में 63 रन बनाए?

236. सं.अ. अमीरात के किस पहले-पहले कप्तान (जिसके पास एक दर्जन से अधिक बेशकीमती कारें थीं) ने सन् 1994 में शारजाह में खेले गए अपने देश के सर्वप्रथम अंतरराष्ट्रीय मैच में सचिन को 63 रनों पर आउट किया? (संकेत : यह उसके देश का पहला अंतरराष्ट्रीय मैच था।)

237. कितने मैच खेलने के बाद सचिन ने अपना पहला एकदिवसीय शतक बनाया?

उत्तर के लिए कृपया पृष्ठ सं. 152 देखें।

238. सचिन ने सन् 1994 में किस देश के विरुद्ध अपना पहला एकदिवसीय शतक बनाया ?

भगवान् सचिन

ऑस्ट्रेलिया के खिलाड़ी मैथ्यू हेडन ने लिटिल मास्टर की महान् बल्लेबाजी से अभिभूत होकर एक बार यहाँ तक कह दिया, 'मैंने भगवान् को देख लिया है, वह भारत के लिए चौथे नंबर पर बल्लेबाजी करता है।'

239. उस मैदान का नाम बताएँ, जहाँ पर तेंदुलकर ने अपना पहला एकदिवसीय शतक बनाया ?

240. सन् 1994 में सचिन ने श्रीलंका में जब अपना पहला एकदिवसीय शतक बनाया, तब कुल कितने रन बनाए थे ?

241. सन् 1994 में श्रीलंका में त्रिदेशीय एकदिवसीय मैच शृंखला में सचिन द्वारा अपना पहला शतक बना लिये जाने के बाद ऑस्ट्रेलिया के किस गेंदबाज ने एक बहुत ही बढ़िया यार्कर से सचिन को चलता कर दिया ?

242. सन् 1994 में ऑस्ट्रेलिया के विरुद्ध अपना पहला एकदिवसीय शतक बनाने के दौरान सचिन ने ऑस्ट्रेलिया के एक गेंदबाज के एक ही ओवर में दो छक्के मारे थे। वह गेंदबाज कौन है ?

243. सन् 1994 में ऑस्ट्रेलिया के विरुद्ध त्रिकोणीय शृंखला के जिस मैच में सचिन ने अपना प्रथम एकदिवसीय शतक बनाया था, उस मैच में किस भारतीय क्रिकेटर ने सचिन के साथ बल्लेबाजी की शुरुआत करते हुए दो बढ़िया कैच तथा 3 विकेट लिये और दो बल्लेबाजों को रन आउट कराया ?

महारथी और राजकुमार

सचिन ने द्रविड़ के साथ मिलकर भले ही 6,000 रन बनाने का रिकॉर्ड स्थापित किया हो, लेकिन जब एकदिवसीय की बात आती है तो

उत्तर के लिए कृपया पृष्ठ सं. 152 देखें।

केवल एक इनसान है सचिन के साथ, जिसके जबरदस्त प्रदर्शन ने भारत के लिए बहुत सारे मैच जिताए हैं। सौरव गांगुली और सचिन की ऐतिहासिक साझेदारी ने 176 एकदिवसीय पारियों से 8,227 रन बनाए हैं, जो एक रिकॉर्ड है।

244. सन् 1994 में सचिन ने भारत की धरती पर अपना पहला एकदिवसीय शतक बनाया। भारत का मुकाबला किस देश से था?
245. एक त्रिकोणीय शृंखला में सचिन ने सन् 1994-95 की खेल प्रतियोगिता में न केवल सर्वाधिक रन (285 रन) बनाए, बल्कि सबसे अधिक विकेट (8 विकेट) भी लिये, जिसके फलस्वरूप भारत की जीत पक्की हुई। भारत का मुकाबला किन दो देशों से था?
246. सचिन ने सन् 1994 में नागपुर में खेले गए टेस्ट में किस देश के विरुद्ध 179 रन ठोंके, जो सचिन के पहले 8 टेस्ट शतकों का अधिकतम स्कोर था।
247. सन् 1994 में नागपुर टेस्ट में वेस्टइंडीज के विरुद्ध दमदार 179 रनों का स्कोर बनाने के दौरान सचिन ने कैरेबियन गेंदबाज की एक गेंद पर छक्का लगाकर तीन अंकों का आँकड़ा छुआ। वह गेंदबाज कौन था?
248. मैच जितानेवाले शानदार 80 रन बनाने के बाद भारतीय टीम के जिस भावी कोच को सचिन ने ट्रस्ट बैंक पार्क, हेमिल्टन में न्यूजीलैंड सेंटीनरी टूर्नामेंट के तीसरे मैच में बड़ी चतुराई से आउट किया, उसका नाम बताएँ।
249. सचिन ने सन् 1995 में शारजाह में किस देश के विरुद्ध 105 गेंदों से शानदार 112 रन निकाले, जिसमें 15 चौके और 1 छक्का भी शामिल था और भारत को 8 विकेट से विजय दिलाई?

उत्तर के लिए कृपया पृष्ठ सं. 152 देखें।

लारा से आगे

3 जनवरी, 2007 को तेंदुलकर ने ब्रायन लारा के 5,736 रनों के उस विश्व रिकॉर्ड को पीछे छोड़ दिया, जो रन लारा ने घर से बाहर अर्थात् विदेश में आयोजित टेस्टों में बनाए थे। सचिन ने देश से बाहर 75 टेस्ट मैचों में खेल कर इस रिकॉर्ड को पार किया, जबकि लारा ने 66 टेस्ट मैचों में खेलकर इतने रन बनाए थे।

250. सन् 1995 में सचिन ने किस देश के विरुद्ध भारत में खेले गए और केवल 71.1 ओवर में समाप्त एक मैच में अविजित 52 रन बनाकर 'मैन ऑफ द मैच' अवार्ड जीता? (संकेत : खेल की वास्तविक समयावधि के हिसाब से सबसे कम समय में समाप्त यह मैच चेन्नै में खेला गया था।)

☐

उत्तर के लिए कृपया पृष्ठ सं. 152 देखें।

6

फोटो साभार : दिव्यांगशु सरकार

फोटो साभार : दिव्यांगशु सरकार

मठाधिपति

विश्व कप में सचिन की वैयक्तिक रूप से बहुत सफल बल्लेबाजी के बावजूद अपयशपूर्ण सेमीफाइनल में भारत की पराजय के परिणामस्वरूप नेतृत्व परिवर्तन करना आवश्यक हो गया। खेल का एक सबसे युवा कप्तान अपनी ही अतुल्य विजय-गाथा को अपने बल्ले से उस टीम के लिए विजय में नहीं बदल सका, जिसका वह नेतृत्व कर रहा था।

251. सचिन ने सन् 1996 में बाराबत्ती स्टेडियम, कटक की भारत-भूमि पर अपने पहले विश्व कप मैच में कितने रन बनाए?

252. सन् 1996 के विश्व कप में पहली बार खेलते हुए सचिन ने किस देश के विरुद्ध 138 गेंदों में अविजित 127 रन बनाए और वह कपिल देव के 175 नॉट आउट और नवजोत सिंह सिद्धू के अविजित 134 रन के स्कोर के बाद एकदिवसीय में उस समय सर्वाधिक रन बटोरनेवाले तीसरे खिलाड़ी कहलाए?

253. सन् 1996 के विश्व कप में केन्या के विरुद्ध भारत के प्रारंभिक मैच में सचिन ने किस बल्लेबाज के साथ पारी की शुरुआत करते हुए पहले

उत्तर के लिए कृपया पृष्ठ सं. 152 देखें।

विकेट के लिए 163 रन की साझेदारी की, जो उस समय विश्व कप में किसी भी विकेट के लिए भारत की ओर से अधिकतम स्कोर था?

254. सन् 1996 के विश्व कप के लिए भारत के दूसरे मैच में सचिन ने किस देश के विरुद्ध खेलते हुए 91 गेंदों से 70 रन बनाकर मैच जिताया और वह लगातार दूसरी बार 'मैन ऑफ द मैच' बने?

255. सन् 1996 के वर्ल्ड कप के लिए ग्वालियर में कैप्टन रूप सिंह स्टेडियम में आयोजित भारत के दूसरे मैच में किस कैरेबियन विकेटकीपर ने सचिन के बल्ले को छूकर निकला एक कैच उस समय छोड़ दिया, जब 22 रन बनाकर खेल रहे थे? (संकेत : तदनंतर मास्टर ब्लास्टर ने अपना स्कोर 70 रन तक पहुँचा दिया और मैच जीत लिया।)

256. सन् 1996 के विश्व कप में सचिन ने किस मैदान पर ऑस्ट्रेलिया के विरुद्ध खेलते हुए 90 गेंदों पर दमदार 84 रन बनाए, जो उस टूर्नामेंट में सचिन का लगातार तीसरा 50-प्लस स्कोर था। (संकेत उस स्टेडियम में पहली बार कोई मैच बिजली की तेज रोशनी में खेला जा रहा था।)

257. सन् 1996 के विश्व कप के लिए मुंबई में खेले गए मैच में ऑस्ट्रेलिया के किस गेंदबाज ने विकेट से दूर डाली गेंद (वाइड बॉल) से सचिन को 90 पर आउट किया?

सबसे लंबा अंतराल

सचिन के शतकों के बीच सबसे लंबा समयांतराल 17 महीनों, 10 टेस्ट मैचों और 17 पारियों का है। सचिन ने अपना पैंतीसवाँ शतक (109 रन) 10 दिसंबर, 2005 को दिल्ली में श्रीलंका के विरुद्ध बनाया था। उसके बाद मास्टर ब्लास्टर ने अपना छत्तीसवाँ शतक (101) 19 मई, 2007 को बीए श्रेष्ठ शाहिद रुहूल अमीन स्टेडियम, चिटगाँव में बँगलादेश के विरुद्ध बनाया।

उत्तर के लिए कृपया पृष्ठ सं. 152 देखें।

सचिन ने बैरिंगटन का रिकॉर्ड पार किया

सचिन ने छक्के के साथ अपने अधिकतर शतक पूरे करने का एक असाधारण रिकॉर्ड कायम किया है। मास्टर ब्लास्टर ने जब बंगलौर में ऑस्ट्रेलिया के एक स्पिनर नैथन हॉरिट्ज की गेंदों पर दो छक्के लगाकर पूरा किया, तब सचिन ने अंग्रेज क्रिकेट खिलाड़ी केन बैरिंगटन का पिछला रिकॉर्ड पार कर लिया, जिसने चार बार छक्कों के साथ अपने शतक पूरे किए थे। सचिन ने न्यूलैंड्स, केपटाउन में अपना इक्यावनवाँ शतक एक छक्के के साथ पूरा करके ऐसे शतकों की संख्या 6 तक पहुँचा दी।

उत्तर के लिए कृपया पृष्ठ सं. 152 देखें।

258. सन् 1996 के वर्ल्ड कप के दौरान सचिन ने फिरोजशाह कोटला, दिल्ली में किस देश के खिलाफ खेलते हुए 137 गेंदों पर जोरदार 137 रन बनाए और टूर्नामेंट का दूसरा तथा लगातार चौथा 50 प्लस स्कोर अपने नाम किया?

259. जिंबाब्वे के किस गेंदबाज ने ग्रीन पार्क, कानपुर में सचिन को 12 गेंदों में 3 रन देकर उनका विकेट उखाड़ दिया और इस तरह सन् 1996 के विश्व कप में लिटिल मास्टर के लगातार चार बार के 50-प्लस स्कोर के सिलसिले को रोक दिया?

'क्रिकेट का मक्का' कहे जानेवाले मैदान पर विफलता

सचिन ने भारत में और भारत के बाहर विदेशी धरती पर टेस्ट क्रिकेट खेलनेवाले सभी देशों के खिलाफ अनेक लंबी पारियाँ खेली हैं, लेकिन क्रिकेट का मक्का कहे जानेवाले लॉर्ड्स के मैदान पर सचिन ने कभी कोई बड़ा स्कोर नहीं बनाया है। लॉर्ड्स में सचिन ने आज तक केवल चार टेस्ट खेले हैं, लेकिन वहाँ उनका अब तक का सबसे ऊँचा स्कोर सिर्फ 37 रन पर टिका है। इस सुप्रसिद्ध मैदान पर सचिन ने अपनी सात पारियों में क्रमशः सिर्फ 10,27,31,16,12,37 और 16 रन बनाए।

260. बंगलौर के एम. चिन्नास्वामी स्टेडियम में पाकिस्तान के विरुद्ध सन् 1996 के विश्व कप सेमीफाइनल में एक पाकिस्तानी गेंदबाज ने सचिन के 31 पर पहुँचने के बाद उनका विकेट उखाड़ दिया। वह गेंदबाज कौन था?

261. सन् 1996 के विश्व कप के कुख्यात सेमीफाइनल में श्रीलंका के किस गेंदबाज ने सचिन का अत्यंत महत्त्वपूर्ण विकेट लिया, जब वह धुरंधर बल्लेबाजी करते हुए भारत के लिए सर्वाधिक 65 रन बना चुके थे?

262. सन् 1996 में सचिन ने किस तटस्थ मैदान पर पाकिस्तान के विरुद्ध

उत्तर के लिए कृपया पृष्ठ सं. 152 देखें।

कौशलपूर्ण 100 रन बनाए?

263. वर्ष 1996 में सचिन ने किस देश के विरुद्ध शानदार 118 रन मारे और भारत को सीमित ओवरों के किसी अंतरराष्ट्रीय मैच में पहली बार 300 से अधिक रनों का पहाड़ खड़ा करने में मदद की, जो एकदिवसीय अंतरराष्ट्रीय मैचों में भारत का अब तक का अधिकतम स्कोर भी था?

264. सन् 1996 में शारजाह में पाकिस्तान के विरुद्ध खेलते हुए किस बल्लेबाज के साथ सचिन ने किसी भी विकेट के लिए भारत की ओर से साझेदारी का सर्वाधिक स्कोर खड़ा किया, 240 गेंदों से 231 रन बनाए और इस तरह 188 रनों की पिछली सर्वश्रेष्ठ ऑल-विकेट साझेदारी का रिकॉर्ड तोड़ दिया, जो रवि शास्त्री और के. श्रीकांत ने सन् 1984-85 में इंग्लैंड के विरुद्ध पहले विकेट के लिए कटक में बनाया था?

265. सन् 1996 की भारत बनाम इंग्लैंड टेस्ट शृंखला के प्रारंभिक मैच में सचिन ने किस मैदान पर शानदार 122 (यह उनका नौवाँ शतक था) रन बनाए, लेकिन भारत को हार से नहीं बचा सके?

शारजाह से प्यार का रिश्ता

सचिन ने अंतरराष्ट्रीय क्रिकेट में 100 शतक बनाए होंगे, लेकिन मास्टर ब्लास्टर ने जिस एक मैदान में सबसे अधिक शतक बनाए हैं, वह शारजाह क्रिकेट एसोसिएशन स्टेडियम है। उस तटस्थ मैदान पर सचिन ने अपने सर्वाधिक 7 एकदिवसीय शतक बनाए हैं, जो एक रिकॉर्ड है।

266. सन् 1996 में लाड्‌र्स में खेले गए एक टेस्ट में सचिन ने थोड़ी देर क्रीज पर रहते हुए बढ़िया 31 रन बनाए और टेस्ट मैच में पहली बार खेल रहे एक भारतीय बल्लेबाज के साथ 64 रन की उपयोगी साझेदारी में योगदान किया। उस बल्लेबाज का नाम बताएँ।

267. सचिन ने भारत और इंग्लैंड के बीच सन् 1996 की टेस्ट शृंखला में किस मैदान पर अपनी उत्कृष्ट बल्लेबाजी का परिचय देते हुए 177 रनों

उत्तर के लिए कृपया पृष्ठ सं. 152 देखें।

की पारी खेलकर अपना दूसरा शतक बनाया?

268. सन् 1996 में ऑस्ट्रेलिया के विरुद्ध भारत के एकमात्र घरेलू टेस्ट में ऑस्ट्रेलिया के किस लेग स्पिनर ने (जो टेस्ट क्रिकेट में संयोगवश आखिरी बार खेलने आया था) सचिन को फिरोजशाह कोटला स्टेडियम, दिल्ली में खेले गए मैच की पहली पारी में 10 रन पर आउट किया?

सचिन का शुभ खेल मैदान

सचिन के भाग्यशाली खेल मैदानों में से एक निश्चित रूप से ब्रिस्टल का काउंटी ग्राउंड है, जहाँ सचिन ने अपने तीन प्रदर्शनों में एक के पीछे एक लगातार दो शतक बनाए और एक मैच में 99 रन का स्कोर किया। अपने पिता के निधन के कुछ ही दिन बाद सन् 1999 में केन्या के विरुद्ध नाबाद 140 रन बनाने के अलावा सचिन ने सन् 2002 में उसी मैदान पर श्रीलंका के विरुद्ध शानदार 113 रन बनाए; लेकिन सन् 2007 में तीसरा शतक बनाने से वह चूक गए, जब इंग्लैंड के विरुद्ध उन्होंने 99 रन पर अपना विकेट खो दिया।

269. सन् 1996 की विश्व कप श्रृंखला में श्रीलंका में भारत और ऑस्ट्रेलिया के बीच हुए मैच में सचिन के साथ किस भारतीय बल्लेबाज ने पहली बार खेल की शुरुआत की?

270. सन् 1996 में सचिन ने एक ऐसे बेलाग मैदान पर 89 गेंदों में 89 अविजित रन बनाए, जो अपने सबसे पहले अंतरराष्ट्रीय क्रिकेट मैच की मेजबानी कर रहा था। वह कौन सा मैदान था?

271. सन् 1996 में सचिन ने पहली बार किस देश के खिलाफ एक टेस्ट मैच में भारत की कप्तानी सँभाली?

272. सन् 1996 में सचिन ने किस देश के विरुद्ध अपने सबसे पहले एकदिवसीय मैच में पूरी तौर पर भारतीय कप्तान की बागडोर ग्रहण की?

उत्तर के लिए कृपया पृष्ठ सं. 152 व 153 देखें।

273. सचिन ने विदेशी धरती पर किसी सीरीज में किस देश के विरुद्ध पहली बार भारत का नेतृत्व किया?

सचिन के शतक और चेन्नै

ऐसा संभव नहीं है कि टेस्ट मैचों में सचिन के बड़े स्कोर की बात हो और एम.ए. चिदंबरम स्टेडियम, चेन्नै का जिक्र न हो, जहाँ सचिन ने अनेक मैच खेले हैं। सचिन का यह पसंदीदा मैदान है और इस मैदान पर मास्टर ब्लास्टर ने सबसे अधिक पाँच शतक बनाए हैं। सचिन ने नागपुर में भी पाँच शतक बनाए थे, लेकिन वहाँ दो अलग-अलग मैदानों पर उन्होंने बल्ला चलाया था—विदर्भ क्रिकेट एसोसिएशन ग्राउंड और विदर्भ क्रिकेट एसोसिएशन स्टेडियम।

274. सचिन ने एक परिपूर्ण कप्तान की हैसियत से अपने पहले एकदिवसीय मैच में श्रीलंका के विरुद्ध आर. प्रेमदासा स्टेडियम, कोलंबो में कितने रन बनाए?

275. सन् 1996 में सवाई मान सिंह स्टेडियम, जयपुर में टाइटन कप के लिए दक्षिण अफ्रीका के विरुद्ध खेले गए मैच में सचिन के साथ किस बल्लेबाज ने भारत की ओर से बल्लेबाजी का शुभारंभ किया? (संकेत: वह सचिन के साथ पहली बार प्रारंभिक बल्लेबाजी कर रहा था।)

276. सन् 1996 में 23 वर्ष 126 दिन की उम्र में सचिन ने किसी एकदिवसीय मैच में सबसे युवा कप्तान होने का ताज पहना। सचिन से पहले किसी एकदिवसीय में सबसे युवा भारतीय कप्तान कौन था?

277. न्यूलैंड्स, केपटाउन में भारत और दक्षिण अफ्रीका के बीच सन् 1996–97 शृंखला के दूसरे मैच में सचिन ने अपनी एक सबसे बढ़िया पारी खेली। बताइए, सचिन ने उस मैच में कितने रन बनाए?

278. केपटाउन में सचिन के शानदार 169 रन बन जाने के बाद दक्षिण

उत्तर के लिए कृपया पृष्ठ सं. 153 देखें।

अफ्रीका के किस फील्डर ने सचिन को आउट करने के लिए एक बहुत ही बढ़िया आउटफील्ड कैच पकड़ा?

पाँच टेस्ट शतक, एकदिवसीय मैचों में जीरो

निस्संदेह सचिन ने एम.ए. चिदंबरम स्टेडियम, चेन्नै में आज तक पाँच टेस्ट शतक बनाए हैं, लेकिन जब बात सीमित ओवरों के मैच की आती है तो सचिन की उपलब्धियाँ न के बराबर हैं। चेपक स्टेडियम में सचिन का अधिकतम एकदिवसीय स्कोर 68 रहा है, जो उन्होंने 25 जनवरी, 2002 को इंग्लैंड के विरुद्ध खेलते हुए बनाया था।

279. सन् 1997 में क्रूसेडर्स ग्राउंड, सेंट जॉर्ज पार्क, पोर्ट एलिजाबेथ में स्टैंडर्ड बैंक इंटरनेशनल वन-डे सीरीज के दूसरे भारत बनाम दक्षिण अफ्रीका एकदिवसीय के दौरान आउट ऑफ फॉर्म चल रहे (अर्थात् अपनी लय तलाशते) सचिन ने अपनी जगह पहली बार किसी भारतीय बल्लेबाज को पारी की शुरुआत करने के लिए कहा। उस बल्लेबाज का नाम बताएँ।
280. सन् 1997 की स्टैंडर्ड बैंक इंटरनेशनल वन-डे श्रृंखला में सचिन ने एक बार फिर बल्लेबाज के रूप में उन्नत करने के बाद विलामूर पार्क, बिनोनी में जिंबाब्वे के विरुद्ध उस मैच में कितने रन बनाए, जिसमें भारत के लिए हर हाल में जीतना आवश्यक हो गया था?
281. स्टैंडर्ड बैंक इंटरनेशनल वन-डे सीरीज फाइनल में दक्षिण अफ्रीका के विरुद्ध खेलते हुए हैंसी क्रोनिये की गेंद पर जोंटी रोड्स द्वारा पॉइंट के पास पकड़े जाने पर विवादास्पद रूप में आउट करार दिए जाने से पहले सचिन ने अपने 141वें मैच के दौरान किस मैदान पर 5,000 रन पूरे किए? (संकेत : बाद में बरसात हो जाने के कारण वह मैच बीच में ही छोड़ दिया गया था।)

उत्तर के लिए कृपया पृष्ठ सं. 153 देखें।

282. सन् 1996-97 के टेस्ट शृंखला में वेस्टइंडीज के खिलाफ किस मैदान पर सचिन ने गॅली पर शेरविन कैंपबेल द्वारा बखूबी पकड़े जाने से पहले दमदार 92 रन बनाए, जो उस सीरीज में उनका अधिकतम स्कोर था?

भारत के बाहर बनाए अधिकतम शतक

सचिन ने भारत के बाहर जिस मैदान पर अधिकतम टेस्ट शतक बनाए हैं, वह है सिंहली स्पोर्ट्स क्लब, कोलंबो। मास्टर ब्लास्टर ने श्रीलंका की राजधानी में इस मैदान पर 4 शतक बनाने का रिकॉर्ड दर्ज कराया है।

283. सन् 1997 में भारत और वेस्टइंडीज के बीच बारबाडोस में खेले गए ऐतिहासिक मैच में किस गेंदबाज ने दोनों पारियों में सचिन को आउट किया और वेस्टइंडीज को उस मैच में 38 रन की जीत मिली?

284. सन् 1997 के यादगार कोलंबो टेस्ट में सचिन ने कितने रन बनाए, जिसमें श्रीलंका की टीम ने भारत के पहली पारी में 8 विकेट पर 537 रनों के बाद पारी-समाप्ति की घोषणा के जवाब में 6 विकेट पर रिकॉर्ड-तोड़ 952 रन बनाए थे?

285. सन् 1997 के कोलंबो टेस्ट में सचिन के साथ किस बल्लेबाज ने श्रीलंका के विरुद्ध चौथे विकेट के लिए साझेदारी करते हुए 242 मिनट में 221 रन का स्कोर खड़ा किया और 126 रन के साथ एक शतकीय पारी खेली?

286. सन् 1997 के कोलंबो टेस्ट में तत्कालीन भारतीय कप्तान सचिन ने मुंबई टीम के अपने एक साथी को एक टेस्ट कैप थमाई, जो अंततः बारहवाँ गेंदबाज बना और टेस्ट क्रिकेट में अपनी पहली गेंद से 1 विकेट लेनेवाला पहला भारतीय। वह कौन था?

उत्तर के लिए कृपया पृष्ठ सं. 153 देखें।

कोलंबो कनेक्शन

सचिन के क्रिकेट जीवन में श्रीलंका की राजधानी कोलंबो का विशेष स्थान है। सन् 1994 में आर. प्रेमदासा स्टेडियम में अपना पहला एकदिवसीय शतक बनाने के अलावा मास्टर ब्लास्टर ने कोलंबो के दो मैदानों पर खेलते हुए कुल मिलाकर 10 अंतरराष्ट्रीय शतक बनाए हैं (पाँच शतक आर. प्रेमदासा स्टेडियम में और 5 शतक सिंहली स्पोर्ट्स क्लब में)।

287. सचिन ने सन् 1997 में दो क्रमिक पारियों में लगातार किस देश के खिलाफ अपने सर्वप्रथम शतक बनाए?
288. सन् 1997 में सचिन ने किस मैदान पर अविजित 65 रन बनाकर भारत को सन् 1982-83 के बाद से कैरेबियन में किसी अंतरराष्ट्रीय मैच में अब तक की पहली जीत दिलाई?
289. सन् 1997 में क्वींस पार्क, ओवल पोर्ट ऑफ स्पेन; ट्रिनिडाड में वेस्टइंडीज के विरुद्ध एक एकदिवसीय में सचिन ने 116 रन की अविजित साझेदारी की, जो सचिन और उनके जोड़ीदार के बीच 100 रन की अब तक की पहली प्रारंभिक बल्लेबाजी थी। उस जोड़ीदार का नाम बताएँ।
290. एम.ए. चिदंबरम स्टेडियम, चेन्नै में भारत और पाकिस्तान के बीच खेले गए सन् 1997 के इंडिपेंडेंस कप के मैच में सचिन ने किस धुरंधर खिलाड़ी को चलता किया?

स्टीव और गैरी के खेमे में सचिन का प्रवेश

सचिन सन् 2004 में बँगलादेश के विरुद्ध 248 रन बनाकर नॉट आउट रहे, जो सचिन का अब तक का अधिकतम टेस्ट स्कोर है। इसके साथ ही उसने न केवल सुनील गावस्कर के 34 टेस्ट शतकों के रिकॉर्ड

उत्तर के लिए कृपया पृष्ठ सं. 153 देखें।

की बराबरी कर ली, बल्कि वह स्टीव वॉ और गैरी कर्सटन के बाद क्रिकेट के इतिहास में टेस्ट क्रिकेट खेलनेवाले सभी देशों के विरुद्ध शतक बनानेवाले तीसरे बल्लेबाज भी बन गए।

291. सन् 1997 में सचिन ने अपने खेल की स्वाभाविक लय वापस पाकर किस देश के विरुद्ध बढ़िया 148 रन बनाने के साथ अट्ठावन टेस्टों में अपना 4,000 वाँ रन पूरा किया और साल में 1,000 रन पूरे किए?
292. सचिन ने सन् 1997-98 शृंखला के तीसरे टेस्ट में श्रीलंका के विरुद्ध मुंबई के वानखेड़े स्टेडियम में जिस क्रिकेटर के साथ मिलकर 256 रन की साझेदारी में 148 रन बनाए और चौथे विकेट की साझेदारी का रिकॉर्ड कायम किया, वह क्रिकेट खिलाड़ी कौन था?
293. सन् 1997 के सहारा कप में किस भारतीय विकेटकीपर को कप्तान सचिन ने पहली बार अपने स्थान पर पहले बल्लेबाजी का मौका दिया, जिससे कि वह विकेट कीपर अपनी स्वाभाविक लय-ताल पुनः प्राप्त कर सके?
294. शारजाह में आयोजित सन् 1997-98 के चैंपियंस ट्रॉफी के पहले मैच में किस नवोदित अंग्रेज गेंदबाज ने सचिन को 91 रन पर झाँसा दिया और लिटिल मास्टर बड़ा शॉट लगाने के चक्कर में एलेक स्टीवर्ट द्वारा स्टंप कर दिए गए?
295. सन् 1997 में सचिन ने नेहरू स्टेडियम, गुवाहाटी में किस देश के विरुद्ध खेलते हुए 86 गेंदों में नाबाद 82 रन बनाए और उस वर्ष एकदिवसीय अंतरराष्ट्रीय मैचों में 1,000 रन का आँकड़ा पार किया?
296. सन् 1997 में क्रिकेट के इतिहास में पहली बार ऐसा हुआ कि दोनों टीमों के कप्तानों के यह कहने पर मैच छोड़ दिया गया कि पिच खिलाड़ियों के लिए खतरनाक है। भारतीय कप्तान सचिन और श्रीलंका की टीम के कप्तान अर्जुन रणतुंगा ने रेफरी से मैच रुकवाने का अनुरोध किया।
297. सन् 1997 में किस बहुत ख़राब एवं अनर्थकारी सीरीज के बाद सचिन

उत्तर के लिए कृपया पृष्ठ सं. 153 देखें।

को पहली बार अपनी कप्तानी से हाथ धोना पड़ा?

298. बँगलादेश में सिल्वर जुबली इंडिपेंडेंस कप (रजत जयंती स्वाधीनता कप) के लिए सचिन के स्थान पर किसे भारतीय कप्तान बनाया गया?

299. बँगलादेश में सन् 1998 के सिल्वर जुबली इंडिपेंडेस कप स्पर्धा में किस देश के विरुद्ध सचिन ने 44 गेंदों में शानदार 67 रन बनाकर एकदिवसीय मैचों में अपना 50वाँ अर्ध-शतक पूरा किया, वह भी सिर्फ 175 मैचों में?

300. सिल्वर जुबली इंडिपेंडेंस कप के दूसरे मैच में किस महत्त्वपूर्ण पाकिस्तानी बल्लेबाज के विकेट लेकर सचिन ने अपना पचासवाँ शिकार बनाया?

301. सिल्वर जुबली इंडिपेंडेंस कप के लिए पाकिस्तान के विरुद्ध दूसरे मैच में सचिन ने किस भारतीय रिकॉर्ड की बराबरी की, जो सुनील गावस्कर और मोहम्मद अजहरुद्दीन ने उससे पहले बनाया था?

302. ढाका में सन् 1998 सिल्वर जुबली इंडिपेंडेंस कप के लिए खेले गए मैच में सचिन ने किस देश के विरुद्ध मैच विजयी 95 रन बनाए और 3 विकेट भी लिए?

303. सन् 1998 में पाकिस्तान के विरुद्ध ढाका में खेले गए सिल्वर जुबली इंडिपेंडेंस कप के पहले फाइनल में सचिन ने 95 रन बनाए और अपने कैरियर में एक बड़ी उपलब्धि हासिल की। वह उपलब्धि क्या थी?

नंबर 4 पर

सचिन की यह विशेषता रही है कि उसने टेस्ट क्रिकेट में अधिकतर रन चौथे नंबर पर बल्लेबाजी करते हुए बनाए हैं। सचिन को नंबर 4 पर बल्लेबाजी करना पसंद है। इसी क्रम पर बल्लेबाजी करते हुए उन्होंने अब तक 12,000 से अधिक रन बटोरे हैं।

304. सचिन की उम्र उस समय कितनी थी, जब वह एकदिवसीय मैचों में 6,000 रन पूरे करनेवाले सबसे युवा क्रिकेटर कहलाए?

उत्तर के लिए कृपया पृष्ठ सं. 153 देखें।

305. सन् 1998 में भारत और ऑस्ट्रेलिया के बीच टेस्ट की पहली पारी में किस गेंदबाज ने सचिन को 4 रन पर आउट करके अपने क्रिकेट कैरियर में पहली बार मास्टर ब्लास्टर का विकेट लिया?

306. सन् 1998 की बॉर्डर-गावस्कर ट्रॉफी के लिए भारत और ऑस्ट्रेलिया के बीच पहले टेस्ट में किस मैदान पर सचिन ने 155 मैच-विजयी रन बनाए और नॉट आउट रहे?

307. सचिन ने बॉर्डर-गावस्कर ट्रॉफी के तीसरे टेस्ट में किस मैदान पर ऑस्ट्रेलिया के खिलाफ शानदार 177 रन बनाए?

308. सन् 1998 में सचिन ने पहली बार 5 विकेट लेने का रिकॉर्ड कायम किया, जो किसी एकदिवसीय में उनकी गेंदबाजी का आज तक सर्वश्रेष्ठ आँकड़ा है। सचिन ने कितने रन देकर 5 विकेट लिए?

309. सन् 1998 की त्रिकोणीय घरेलू श्रृंखला में सचिन ने किस देश के विरुद्ध गेंदबाजी करते हुए 32 रन देकर 5 विकेट लिए, जो गेंदबाजी में उनका आज तक का सर्वश्रेष्ठ प्रदर्शन कहलाता है?

310. आज तक सचिन ने अपने क्रिकेट-जीवन में कितनी बार किसी एकदिवसीय मैच में 5 विकेट लिये हैं?

311. सचिन ने किसी एकदिवसीय मैच में दो बार 5-5 विकेट लिये हैं। सन् 1998 में ऑस्ट्रेलिया के विरुद्ध और 2005 में पाकिस्तान के विरुद्ध। दोनों अवसरों पर उन्होंने किस मैदान पर यह कमाल किया?

312. सन् 1998 की त्रिकोणीय मैच श्रृंखला में सचिन ने शेन वार्न के हाथों अपना विकेट गँवाने से पहले किस मैदान पर 100 रन का मैच-विजयी स्कोर बनाया और एकदिवसीय मैचों में शेन वार्न को पहली बार मास्टर ब्लास्टर का विकेट मिला?

313. सन् 1998 में शारजाह में त्रिकोणीय श्रृंखला के प्रसिद्ध फाइनल लीग गेम में ऑस्ट्रेलिया के खिलाफ मैच में सचिन ने कितने रन बनाए, ताकि भारत निर्णायक मैचों में जगह बना सके। हालाँकि वह मैच रेतीले तूफान के कारण कुछ देर के लिए रुक गया था?

उत्तर के लिए कृपया पृष्ठ सं. 153 देखें।

314. सचिन ने शारजाह में सन् 1998 के कोका कोला ट्रॉफी के ऐतिहासिक फाइनल मैच में अपने जन्मदिन पर ऑस्ट्रेलिया के विरुद्ध भारत की शानदार जीत सुनिश्चित करने के लिए कितने रन बनाए?

315. सन् 1998 में सचिन ने ईडन गार्डन में किस देश के विरुद्ध भारत को टूर्नामेंट में लगातार अपनी दूसरी जीत दिलाने के लिए अविजित 100 रन बनाए और इसी प्रक्रिया में वह एक फाइनल में लगातार अपना दूसरा शतक भी बना गए?

316. सिंहली स्पोर्ट्स क्लब ग्राउंड, कोलंबो, श्रीलंका में खेली गई सन् 1998 त्रिकोणीय शृंखला के सातवें एकदिवसीय मैच में किस गेंदबाज ने सचिन का विकेट लिया, जिसका अगले ही दिन विवाह होना था?

टेस्ट ओपनर

एकदिवसीय अंतरराष्ट्रीय मैचों के इतिहास में वह अत्यंत सफल सलामी बल्लेबाज कहलाने के दावेदार हो सकते हैं, लेकिन टेस्ट मैचों में सचिन ने केवल एक बार भारत के लिए सलामी बल्लेबाजी की है। मास्टर ब्लास्टर ने सन् 1999 में सरदार पटेल स्टेडियम, मोटेरा, अहमदाबाद में न्यूजीलैंड के खिलाफ तीसरे टेस्ट की दूसरी पारी में सद्गोपन रमेश के साथ सलामी बल्लेबाजी की थी। उस पारी में न्यूजीलैंड के तेज गति के गेंदबाज क्रिस केयंर्स ने सचिन को 10 गेंदों पर 15 रन का स्कोर करने के बाद ही आउट कर दिया था।

317. सन् 1998 में सचिन ने किस देश के खिलाफ जबरदस्त 128 रन बनाकर भारत को एक त्रिकोणीय शृंखला में विजय दिलाई? (संकेत : सचिन का यह शतक किसी टूर्नामेंट के फाइनल में उसका लगातार तीसरा शतक भी था।)

318. सचिन ने जब सन् 1998 की त्रिकोणीय शृंखला के फाइनल में कोलंबो के आर. प्रेमदासा स्टेडियम में श्रीलंका के खिलाफ खेलते हुए अपना

उत्तर के लिए कृपया पृष्ठ सं. 153 व 154 देखें।

17वाँ शतक बनाया तो उसने किस बल्लेबाज के रिकॉर्ड की बराबरी की?

319. सन् 1998 के त्रिकोणीय शृंखला के फाइनल में श्रीलंका के खिलाफ खेलते हुए सचिन ने एक भारतीय बल्लेबाज के साथ 252 रन की साझेदारी का विश्व रिकॉर्ड कायम करते हुए 128 रन बनाए। वह बल्लेबाज कौन था?

320. सन् 1998 की त्रिकोणीय शृंखला के फाइनल में श्रीलंका के विरुद्ध 128 रन का स्कोर करने के दौरान सचिन ने एक और व्यक्तिगत कीर्तिमान स्थापित किया। वह क्या था?

321. किस टूर्नामेंट में भाग लेने की खातिर सचिन ने टोरंटो में सन् 1998 के सहारा कप के पहले चार खेलों में हिस्सा नहीं लिया?

322. सन् 1998 में सचिन ने किस देश के विरुद्ध 127 अविजित रन बनाकर डेस्मंड हेंस के सत्रह शतकों के पिछले रिकॉर्ड को पार किया?

323. जिंबाब्वे में सन् 1998 की एकदिवसीय शृंखला के दूसरे एकदिवसीय में, सत्रह साल के किस स्कूली लड़के ने अपने प्रथम एकदिवसीय अंतरराष्ट्रीय खेल में अपनी दूसरी गेंद पर सचिन को आउट किया?

324. सन् 1998 में हरारे स्पोर्ट्स क्लब में भारत और जिंबाबे के बीच टेस्ट की दोनों पारियों में सचिन का विकेट लेनेवाला वह गेंदबाज कौन था, जो पहली बार टेस्ट में खेल रहा था?

325. सन् 1998 में सचिन ने किस देश के विरुद्ध लगातार तीन शतक लगाए?

326. सचिन ने बंगबंधु नेशनल स्टेडियम, ढाका में ऑस्ट्रेलिया के विरुद्ध खेले गए सन् 1998 के विल्स इंटरनेशनल कप के क्वार्टर फाइनल मैच में 4 विकेट लेने के अलावा अपने बल्ले से कितने रन बनाए?

327. सन् 1998 में सचिन ने जिंबाब्वे के खिलाफ शारजाह में 118 अविजित रन बनाकर कौन सा विश्व रिकॉर्ड तोड़ा, जो पहले संयुक्त रूप से सुनील गावस्कर, विवियन रिचड्र्स और डेस्मंड हेंस के नाम था?

328. सन् 1998-99 की भारत बनाम न्यूजीलैंड सीरीज के दूसरे टेस्ट में

उत्तर के लिए कृपया पृष्ठ सं. 154 देखें।

सचिन किस मैदान पर 113 शानदार बनाने के बावजूद हार से बच नहीं पाए?

329. सन् 1998 में ब्रबोर्न स्टेडियम के मैदान पर मुंबई की ओर से खेलते हुए सचिन ने किस टीम के विरुद्ध 192 गेंदों में 204 रन बनाकर प्रथम श्रेणी क्रिकेट में अपना पहला दोहरा शतक दर्ज कराया?

330. सन् 1998 के चैंपियंस ट्रॉफी के लिए शारजाह में खेलते हुए सचिन ने किस देश के खिलाफ केवल 28 गेंदों में अर्धशतक पूरा किया, जो एकदिवसीय मैचों में उनका सबसे तेज अर्ध-शतक था?

जिंबाब्वे का जिन्न

टेस्ट क्रिकेट में केवल जिंबाब्वे एक ऐसा देश है, जहाँ सचिन ने कभी कोई टेस्ट शतक नहीं बनाया है। इस अफ्रीकी देश में सचिन का अब तक का उच्चतम स्कोर 74 रन पर टिका हुआ है, जो उन्होंने सन् 2001 में बुलावायो में बनाए थे।

331. सन् 1999 में सचिन ने पीठ-दर्द के बावजूद असीम धैर्य एवं मनोबल का परिचय देते हुए किस देश के विरुद्ध 136 रन बनाए, जिसे आज तक उनका सर्वश्रेष्ठ प्रदर्शन माना जाता है। (संकेत : सारे प्रयासों के बावजूद भारत इस मैच को नहीं बचा सका, जो एम.ए. चिदंबरम स्टेडियम, चेन्नै में खेला जा रहा था।)

332. सन् 1999 के प्रसिद्धि प्राप्त चेन्नै टेस्ट में किस गेंदबाज ने सचिन को दोनों पारियों में आउट किया?

333. सन् 1999 के चेन्नै टेस्ट में सचिन ने दोनों पारियों में एक ही बल्लेबाज का विकेट लेने का कमाल कर दिखाया, जो फिर कभी नहीं हुआ। वह बल्लेबाज कौन था?

334. सन् 1999 में एशियन टेस्ट चैंपियनशिप में पाकिस्तान के विरुद्ध पहले टेस्ट में किस गेंदबाज ने ईडन गार्डन, कोलकाता में सचिन को पहली

उत्तर के लिए कृपया पृष्ठ सं. 154 देखें।

सचिन हुए स्टंप

अपने टेस्ट कैरियर में आज तक सचिन केवल एक बार स्टंप हुए हैं। यह घटना उस समय की है, जब सचिन सन् 2001 में बंगलौर में इंग्लैंड के विरुद्ध तीसरे टेस्ट में खेल रहे थे और एश्ले जाइल्स की गेंद पर जेमी फॉस्टर ने उन्हें स्टंप कर दिया था। लेकिन जहाँ तक सीमित ओवर मैचों का संबंध है, सचिन अपने एकदिवसीय कैरियर में आज तक 11 बार स्टंप हो चुके हैं।

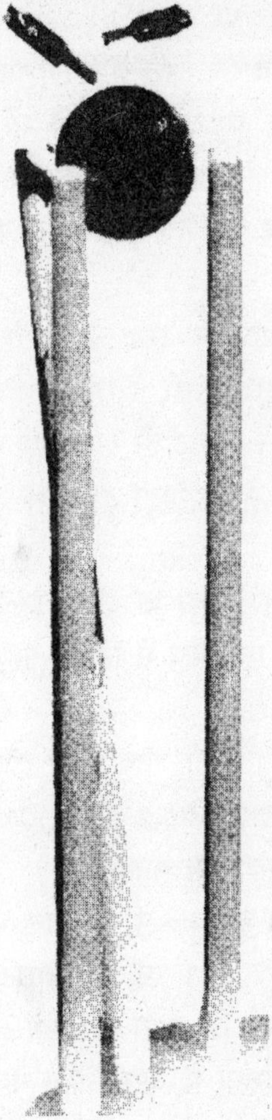

विकेट के आगे कंधा

यह बात सर्वविदित है कि सचिन को उस समय एल.बी.डब्ल्यू. दिया गया था, जब उन्हें लगा कि ग्लेन मैक्ग्रेथ बाउंसर देनेवाले हैं और वह झुक गए, लेकिन गेंद वास्तव में उनके कंधे पर लगी। यह घटना उस समय की है, जब सन् 1999-2000 में बोर्डर-गावस्कर ट्रॉफी के लिए ऑस्ट्रेलिया और भारत के बीच पहले टेस्ट की दूसरी पारी का खेल चल रहा था। मास्टर ब्लास्टर को बिना कोई रन बनाए पैविलियन लौटना पड़ा।

उत्तर के लिए कृपया पृष्ठ सं. 154 देखें।

पारी में पहली गेंद पर 'शून्य' पर आउट किया?

335. सन् 1999 में एशियन टेस्ट चैंपियनशिप के पहले मैच में पाकिस्तान के विरुद्ध खेलते हुए दूसरी पारी में सचिन को आउट दिए जाने को लेकर दर्शकों में हंगामा हो गया, जिसके कारण मैच करीब एक घंटे से अधिक समय के लिए रुका रहा। सचिन को किस तरह आउट किया गया था?

336. सन् 1999 में एशियन टेस्ट चैंपियनशिप में पाकिस्तान के विरुद्ध पहले मैच की दूसरी पारी में सचिन तीसरा रन लेने का प्रयास करते हुए दुर्भाग्य से रन-आउट हो गए; लेकिन जो 2 रन वह पूरे कर चुके थे, उनकी वजह से वह बड़ी उपलब्धि तक पहुँच गए। वह उपलब्धि क्या थी?

337. सन् 1999 में वर्ल्ड कप के दौरान इंग्लैंड में सचिन अपने पिता के निधन के कारण एक मैच में हिस्सा नहीं ले सके। वह कौन सा मैच था?

338. भारत में अपने पिता की अंत्येष्टि से लौटकर आने के एक दिन बाद सचिन ने किस देश के विरुद्ध केवल 101 गेंदों में आउट हुए बिना 140 रन का पहाड़ जैसा स्कोर बनाया?

339. भावनात्मक मूल्य की बात न करें, तब भी काउंटी ग्राउंड, ब्रिस्टॅल में सचिन का नाबाद 140 रन का विराट स्कोर उनके सभी पिछले एकदिवसीय शतकों से अलग था। क्यों?

340. अपने पिछले प्रदर्शनों में ऑस्ट्रेलिया के विरुद्ध लगातार तीन शतक बनाने के बाद सचिन ओवल में ऑस्ट्रेलिया के विरुद्ध खेले गए सन् 1999 के विश्व कप सुपर सिक्स के मैच में शून्य पर आउट हो गए। उन्हें किस गेंदबाज ने आउट किया?

341. ओल्ड ट्रैफर्ड, मैनचेस्टर में पाकिस्तान के विरुद्ध भारत के सन् 1999 के विश्व कप सुपर सिक्स मैच में सचिन ने तेजी से 45 रन बनाकर अपने कैरियर में एक कीर्तिमान हासिल किया। वह क्या कीर्तिमान था?

उत्तर के लिए कृपया पृष्ठ सं. 154 देखें।

ह्यूगेस द्वारा सचिन की प्रशंसा

जब अठारह वर्षीय सचिन ने सन् 1992 में ऑस्ट्रेलिया के खिलाफ पर्थ में शानदार 114 रन बनाए, तब ऑस्ट्रेलिया के पूर्व तेज गति गेंदबाज मर्व ह्यूगेस ने अपने कप्तान ऐलन बॉर्डर से कहा, 'यह छोटा तीरंदाज तुमसे कहीं अधिक रन बनाएगा, एबी'।

342. सन् 1999 के विश्व कप में मोहम्मद अजहरुद्दीन की कप्तानी में भारत की भारी पराजय के बाद सचिन को एक त्रिकोणीय सीरीज में दूसरी बार कप्तान बनाया गया। किस देश ने उस सीरीज का आयोजन किया था?

343. सिंहली स्पोर्ट्स क्लब ग्राउंड, कोलंबो में श्रीलंका के खिलाफ सन् 1999 के त्रिकोणीय सीरीज मैच में सचिन ने किस भारतीय ओपनर के साथ पहली बार बल्लेबाजी की शुरुआत करते हुए 120 रन बनाए?

344. अपने क्रिकेट-जीवन में मोहम्मद अजहरुद्दीन की जगह दूसरी बार कप्तान बनकर सचिन ने एक टेस्ट शृंखला में भारत का नेतृत्व सँभाला। भारत किस देश के विरुद्ध खेल रहा था?

345. सन् 1999 की टेस्ट शृंखला में दुबारा कप्तान बनने के बाद सचिन ने न्यूजीलैंड के विरुद्ध पहले टेस्ट में लाजवाब 126 रन बनाए। वह मैच किस मैदान पर खेला जा रहा था?

346. सन् 1999 में सरदार पटेल स्टेडियम, मोटेरा, अहमदाबाद में खेले गए मैच में सचिन ने किस देश के विरुद्ध अपना पहला दोहरा शतक—344 गेंदों में 217 रन बनाए?

347. सन् 1999 में सचिन ने किस देश के खिलाफ 186 नाबाद रन बनाकर सीमित ओवरों के मैच में भारत के लिए अपना अधिकतम स्कोर दर्ज कराया और श्रीलंका के विरुद्ध सौरव गांगुली द्वारा बनाए गए 183 रन के रिकॉर्ड को पीछे छोड़ दिया?

उत्तर के लिए कृपया पृष्ठ सं. 154 देखें।

बँगलादेश के विरुद्ध विफलता

सचिन निस्संदेह बँगलादेश के विरुद्ध नाबाद 248 रन बनाकर अपना सर्वश्रेष्ठ टेस्ट स्कोर दर्ज कराया है, लेकिन टेस्ट-क्रिकेट खेलनेवाला यही एकमात्र पड़ोसी देश है, जिसके विरुद्ध सचिन एकदिवसीय क्रिकेट में आज तक अपने स्कोर को तीन अंकों तक नहीं पहुँचा पाए हैं। हालाँकि टेस्ट क्रिकेट खेलनेवाले प्रत्येक देश के खिलाफ उन्होंने कम-से-कम एक-एक बार 150 से अधिक स्कोर बनाया है। बँगलादेश के खिलाफ दस एकदिवसीय मैचों में आज तक सचिन का सर्वाधिक स्कोर 82 नॉट आउट है, जो उन्होंने सन् 2004 में कोलंबो में बनाया था।

348. सचिन ने किस मैदान पर न्यूजीलैंड के विरुद्ध 150 गेंदों में 186 अविजित रन बनाए?

बँगलादेश में सचिन नहीं बना सके

हालाँकि बँगलादेश एकमात्र ऐसा टेस्ट क्रिकेट खेलनेवाला देश है, जिसके ख़िलाफ सचिन ने कभी कोई एकदिवसीय शतक नहीं बनाया है, लेकिन टेस्ट क्रिकेट न खेलनेवाले चार देश और हैं, जिनके खिलाफ सचिन अपने स्कोर को कभी तीन अंकों तक नहीं पहुँचा पाए हैं। सचिन ने बरमूडा, आयरलैंड और नीदरलैंड्स के खिलाफ एक-एक और सं.अ. अमीरात के खिलाफ दो एकदिवसीय खेले हैं, लेकिन इनमें से किसी भी देश के विरुद्ध सचिन शतक नहीं बना सके।

349. हैदराबाद में न्यूजीलैंड के खिलाफ 186 रन जड़ने के दौरान सचिन ने एक ऐसे बल्लेबाज के साथ 331 रन की दूसरे विकेट की साझेदारी की, जिसने उस मैच में 153 रन बनाए और एकदिवसीय अंतरराष्ट्रीय

उत्तर के लिए कृपया पृष्ठ सं. 154 देखें।

मैचों के इतिहास में किसी भी पक्ष के लिए यह एक ऑल-विकेट रिकॉर्ड था। वह बल्लेबाज कौन था?

350. सन् 1999-2000 में भारत के लिए बहुत ख़राब साबित हुए ऑस्ट्रेलिया टूर के दौरान सचिन ने किस मैदान पर उस सीरीज का अपना एकमात्र शतक बनाया, बहुत धैर्य के साथ 116 बनाकर?

□

उत्तर के लिए कृपया पृष्ठ सं. 154 देखें।

7

फोटो साभार : दिव्यांगशु सरकार

फोटो साभार : दिव्यांगशु सरकार

सपनों का शिकारी

प्रभावशाली नेतृत्व के गुणों से संपन्न एक नए कप्तान के अंतर्गत नवीन सहस्राब्दी महारथी के खेल में एक नए आयाम के प्रवेश की साक्षी बनी। गांगुली के जोश भरे सैन्य दल का गुरुत्व-केंद्र बनकर सचिन ने एक के बाद एक रिकॉर्ड तोड़ते हुए भारत की टीम को अपना प्रभुत्व जमाने के लक्ष्य की ओर आगे बढ़ाया।

351. सन् 2000 में कार्लटन और यूनाइटेड सीरीज का जो बारहवाँ मैच ऑस्ट्रेलिया के विरुद्ध पर्थ में खेला गया, उस मैच में चोट के कारण सौरव गांगुली के बाहर हो जाने के बाद पहली बार किस बल्लेबाज ने सचिन के साथ पारी की शुरुआत की?
352. सन् 2000 में वानखेड़े स्टेडियम, मुंबई में किस देश के विरुद्ध हुए मुकाबले में सचिन को 97 रन पर आउट कर दिया गया था?
353. सन् 2000 में भारत और दक्षिण अफ्रीका के बीच टेस्ट सीरीज के दूसरे मैच में एम. चिन्नास्वामी स्टेडियम, बंगलौर में खेलते हुए सचिन ने पाकिस्तान के खिलाड़ी जावेद मियाँदाद के नाम दर्ज एक रिकॉर्ड को पार कर एक कीर्तिमान हासिल किया। वह कीर्तिमान क्या था?

उत्तर के लिए कृपया पृष्ठ सं. 154 देखें।

ऑस्ट्रेलियाई खिलाड़ियों के लिए सचिन का प्यार

ऑस्ट्रेलिया के साथ भारत की प्रतिस्पर्धा ने सचिन को हमेशा अच्छे से अच्छा कर दिखाने के लिए प्रोत्साहित किया है और उसी प्रेरणा का परिणाम है कि सचिन ने ऑस्ट्रेलिया के विरुद्ध टेस्ट मैचों और एकदिवसीय मैचों दोनों में कुल मिलाकर 6,000 से भी अधिक रन बनाए हैं। ऑस्ट्रेलिया के विरुद्ध खेलते हुए सचिन ने खेल के दोनों रूपों में 3,000 से अधिक रन इकट्ठा किए हैं–किसी भी देश के खिलाफ कुल मिलाकर उनका यह सर्वाधिक स्कोर है।

354. दक्षिण अफ्रीका के विरुद्ध टेस्ट सीरीज में भारत की 0–2 से पराजय के परिणामस्वरूप कप्तान के पद से सचिन के इस्तीफे के बाद दक्षिण अफ्रीका के विरुद्ध एकदिवसीय सीरीज में भारतीय टीम का नया कप्तान किसे नियुक्त किया गया?

355. फरीदाबाद के नाहर सिंह स्टेडियम में दक्षिण अफ्रीका के विरुद्ध तीसरे एकदिवसीय मैचों में सचिन ने चौथी बार 4 विकेट लेकर किस भारतीय गेंदबाज के इसी प्रकार के रिकॉर्ड की बराबरी की?

356. सन् 2000 में सचिन ने किस देश के के खिलाफ वडोदरा में इंडियन पेट्रोकेमिकल्स कॉरपोरेशन लिमिटेड स्पोर्ट्स ग्राउंड में खेलते हुए अपना पच्चीसवाँ एकदिवसीय शतक बनाया, 122 रन ठोंके और अपने जोड़ीदार के साथ खेल की शुरुआत करते हुए सिर्फ 25 ओवरों में 153 रन की साझेदारी की?

357. सचिन ने विदर्भ क्रिकेट एसोसिएशन ग्राउंड, नागपुर में दक्षिण अफ्रीका के विरुद्ध पाँचवें एकदिवसीय मैच में 93 रन बनाकर एकदिवसीय अंतरराष्ट्रीय मैचों में 9,000 रन पूरे किए और उस ऊँचाई को छूनेवाले वह दूसरे बल्लेबाज कहलाए। सचिन से पहले उस ऊँचाई पर पहुँचने वाला बल्लेबाज कौन था?

उत्तर के लिए कृपया पृष्ठ सं. 154 व 155 देखें।

358. सन् 2000 में सचिन एकदिवसीय मैचों में तीन अवसरों पर 90 का आँकड़ा पार करने के बाद सौ तक पहुँचने से पहले ही आउट हो गए। प्रसंगवश, वह हर बार एक ही स्कोर पर आकर आउट हुए। वह स्कोर क्या था?

359. जिमखाना क्लब ग्राउंड, नैरोबी में न्यूजीलैंड के विरुद्ध सन् 2000 के आई.सी.सी. नॉक-आउट टूर्नामेंट के फाइनल में सचिन एकदिवसीय मैचों में सर्वाधिक रन बटोरनेवाले खिलाड़ी बन गए; उन्होंने एक भारतीय क्रिकेट-खिलाड़ी के कुल 9,378 रनों के रिकॉर्ड को पीछे छोड़ दिया? वह खिलाड़ी कौन था?

शतकों के लिए सदैव उत्कंठित

ऑस्ट्रेलिया की टीम के विरुद्ध अधिक-से-अधिक रन बनाने केलिए सचिन कितने उत्कंठित रहते हैं, यह इस तथ्य से जाहिर हो जाता है कि सचिन ने कंगारुओं के खिलाफ कुल मिलाकर 20 अंतरराष्ट्रीय शतक बनाए हैं, जो शतकों की संख्या को देखते हुए किसी भी देश के विरुद्ध उनका सर्वाधिक रिकॉर्ड है। शतकों की इस संख्या में 11 टेस्ट शतक और 9 एकदिवसीय शतक शामिल हैं और यह एकदिवसीय मैचों तथा टेस्ट मैचों में किसी भी देश के खिलाफ उनका उच्चतम रिकॉर्ड है।

360. कोका-कोला चैंपियंस ट्रॉफी के लिए शारजाह में श्रीलंका के विरुद्ध पहले मैच में सचिन ने शानदार 101 रन बनाकर एक पाकिस्तानी क्रिकेटर द्वारा अपने देश के बाहर बनाए गए सोलह शतकों के रिकॉर्ड की बराबरी कर ली। सचिन ने किस क्रिकेटर के रिकॉर्ड की बराबरी की?

361. कोका-कोला चैंपियंस ट्रॉफी के लिए जिंबाब्वे के खिलाफ तीसरे एकदिवसीय में किस भारतीय बल्लेबाज ने पहली बार सचिन के साथ बल्लेबाजी की शुरुआत की?

362. सन् 2000 में कोका-कोला चैंपियंस ट्रॉफी के लिए शारजाह में श्रीलंका

उत्तर के लिए कृपया पृष्ठ सं. 155 देखें।

के विरुद्ध छठे मैच में सचिन ने 61 रनों के साथ एकदिवसीय मैचों में 75 बार पचास से अधिक रन बनाने का विश्व-रिकॉर्ड कायम किया। उन्होंने किस खिलाड़ी का रिकॉर्ड तोड़ा जिसने 74 बार 50 से अधिक रन बनाए थे?

363. सन् 2000 में बँगलादेश द्वारा खेले गए सबसे पहले टेस्ट में सचिन को जिस गेंदबाज ने आउट किया, उसने न केवल 6 विकेट लिए बल्कि वह बँगलादेश की ओर से पहला-पहला टेस्ट कप्तान भी था। उसका नाम बताएँ।

दो शतक, एक फाइनल

रणजी ट्रॉफी में सचिन का सबसे अधिक यादगार प्रदर्शन वह रहा है जब उन्होंने सन् 1994-95 के फाइनल में दोनों पारियों में एक-एक शतक लगाया और मैच जीत लिया। मजबूत पंजाब के मुकाबले मुंबई का नेतृत्व करते हुए लिटिल मास्टर ने पहली पारी में 140 रन बनाए और दूसरी पारी में बहुत बढ़िया बल्लेबाजी करते हुए 139 रन बनाकर अपनी टीम को विजय दिलाई। प्रसंगवश, यही एकमात्र उदाहरण है, जब सचिन ने प्रथम श्रेणी के किसी मैच की दोनों पारियों में शतक बनाया।

364. सचिन ने नागपुर में किस देश के विरुद्ध अविजित 201 रन बनाए और उसके साथ ही वह क्रिकेट के इतिहास में पचास अंतरराष्ट्रीय शतक (24 टेस्ट और 26 एकदिवसीय) बनानेवाले पहले क्रिकेट खिलाड़ी बने?

365. सन् 2000 में सचिन ने जोधपुर के बरकतुल्लाह खान स्टेडियम में जिंबाबे के खिलाफ 153 गेंदों में 146 रन बनाए और इसके साथ ही उन्होंने स्वदेश की धरती पर अपना ग्यारहवाँ शतक दर्ज कराया। सचिन ने किस खिलाड़ी का 'अपने देश में' दस शतक बनाने का रिकॉर्ड पार किया?

366. 2001 के ऐतिहासिक ईडन गार्डन टेस्ट में सचिन ने मैच के 5वें दिन

उत्तर के लिए कृपया पृष्ठ सं. 155 देखें।

दूसरी पारी में 3 विकेट लेकर भारत की विजय दिलाने में भी एक महत्त्वपूर्ण भूमिका निभाई। मास्टर-ब्लास्टर ने किन दो बल्लेबाजों को शून्य पर आउट किया था।

367. सचिन ने किस मैदान पर खेलते हुए एकदिवसीय मैचों में 10,000 रन पूरे किए और क्रिकेट के इतिहास में वह इस कीर्तिमान तक पहुँचनेवाले पहले बल्लेबाज कहलाए?

368. सन् 2001 में सचिन ने 125 गेंदों में 139 रन का मैच-विजयी स्कोर बनाकर 10,000 रन पूरे करने का पड़ाव हासिल कर लिया। वह किस देश के खिलाफ खेल रहे थे?

369. सन् 2001 में सचिन ने नेहरू स्टेडियम, फाटोर्डा, मार्गाओ में खेले गए एकदिवसीय क्रिकेट मैच में किस देश के खिलाफ अपना सौवाँ विकेट लिया?

370. एकदिवसीय अंतरराष्ट्रीय मैचों के ऑस्ट्रेलिया का कौन सा बल्लेबाज सचिन का सौवाँ शिकार बना?

371. हरारे में सन् 2001 की भारत और जिंबाब्वे के बीच टेस्ट शृंखला के दूसरे टेस्ट में सचिन ने टेस्ट मैचों में भारत के लिए दूसरे सर्वाधिक रन बटोरनेवाले खिलाड़ी का मुकाम हासिल कर लिया। उन्होंने ऐसे किस बल्लेबाज के रिकॉर्ड को पार किया, जिसने 116 मैचों और 185 पारियों में 6,868 रन बनाए थे?

हॉब्स से पीछे सचिन

सचिन ने 11 अक्तूबर, 2010 को बंगलौर के एम. चिन्नास्वामी स्टेडियम में ऑस्ट्रेलिया के विरुद्ध जब शानदार 214 रन बनाए, यह उनका 49वाँ शतक था। तब वह क्रिकेट के इतिहास में कंगारुओं के खिलाफ ग्यारह टेस्ट शतक बनानेवाले दूसरे खिलाड़ी बन गए। वह इंग्लैंड के सर जैक हॉब्स से केवल 1 शतक पीछे हैं, जिसने 70 वर्ष से अधिक समय पहले ऑस्ट्रेलिया के विरुद्ध 12 शतक अपने नाम किए थे।

उत्तर के लिए कृपया पृष्ठ सं. 155 देखें।

372. सन् 2001 की त्रि-देशीय शृंखला में जिंबाब्वे में किस देश के विरुद्ध सचिन ने 122 अविजित रन बनाकर विदेशी धरती पर अपना सत्तरवाँ एकदिवसीय शतक दर्ज कराया और पाकिस्तान के सईद अनवर का विदेश में 16 शतक बनाने का रिकॉर्ड पीछे छोड़ दिया?

373. बोलैंड बैंक पार्क पार्ल, साउथ अफ्रीका में केन्या के विरुद्ध त्रिकोणीय सीरीज एकदिवसीय में सचिन और उसके प्रारंभिक जोड़ीदार सौरव ने मिलकर अपनी साझेदारी का सोलहवाँ शतक पूरा किया और इसके साथ ही उन्होंने एक-दूसरी प्रारंभिक जोड़ी का पंद्रह शतकों की साझेदारी का रिकॉर्ड तोड़ दिया। उस जोड़ी में कौन-कौन था?

महान् गेंदबाज द्वारा आउट

विश्वास हो या न हो, सचिन ने किसी भी रणजी ट्रॉफी मैच में अपने साथी और भारत के महान् गेंदबाज अनिल कुंबले का सामना नहीं किया है; लेकिन एक बार 18 जुलाई, 1998 को लेडी डायना की स्मृति में लॉर्ड्स में खेले गए प्रसिद्ध प्रिंसेस ऑफ वेल्स मेमोरियल मैच में उनके पूर्व टीम-सदस्य ने उन्हें आउट किया था। शेष विश्व XI के कप्तान सचिन को कुंबले की घूमती गेंद ने उस समय चकमा देकर आउट कर दिया, जब वह शानदार 125 रन बनाकर मैच जीतने की ओर बढ़ चुके थे। कुंबले मेरिलबोन क्रिकेट क्लब (एम.सी.सी.) की तरफ से खेल रहे थे।

374. पार्ल में केन्या के विरुद्ध एकदिवसीय में सचिन (146) और सौरव (111) ने मिलकर पहले विकेट के लिए बल्लेबाजी करते हुए 258 रन बनाकर किस प्रारंभिक जोड़ी का विश्व रिकॉर्ड तोड़ा, जिसने सन् 1997-98 में श्रीलंका के विरुद्ध 252 रनों की रिकॉर्ड साझेदारी की थी?

375. सचिन ने सन् 2001 में गुडईयर पार्क, ब्लोमफोंटेन में दक्षिण अफ्रीका के विरुद्ध पहले टेस्ट में बढ़िया बल्लेबाजी करते हुए 155 रन बनाए और इसके साथ ही वह 28 वर्ष एवं 193 दिनों की उम्र में 7,000 टेस्ट

उत्तर के लिए कृपया पृष्ठ सं. 155 देखें।

रन पूरे करनेवाले सबसे युवा खिलाड़ी बन गए। सचिन ने किस बल्लेबाज का रिकॉर्ड तोड़ा?

376. सन् 2006 में गुडईयर पार्क, ब्लोमफोंटेन में दक्षिण अफ्रीका के विरुद्ध पहले टेस्ट में सचिन ने 155 रनों के अपने व्यक्तिगत स्कोर के साथ पाँचवें विकेट के लिए एक नवागत भारतीय खिलाड़ी के साथ 220 रन की साझेदारी का निर्माण किया। उस मैच में शतक बनानेवाले इस नए खिलाड़ी का नाम बताएँ।

377. सन् 2001 में दक्षिण अफ्रीका में भारत के दूसरे टेस्ट में किस रेफरी ने गेंद के साथ कथित छेड़छाड़ का आरोप लगाते हुए सचिन पर एक मैच के लिए विवादास्पद रोक लगा दी?

शून्य पर आउट होने का लंबा सिलसिला

अपने क्रिकेट कैरियर में पाँचवें टेस्ट में सन् 1990 में क्राइस्ट चर्च में न्यूजीलैंड के खिलाफ डेनी मॉरीसन की पहली गेंद पर ही शून्य पर आउट होने के बाद से सचिन आज तक टेस्ट मैचों में चौदह बार अपना खाता खोले बिना आउट हो चुके हैं।

378. सन् 2001 में भारत और दक्षिण अफ्रीका के बीच किस टेस्ट के दौरान माइक डेनेस का वह विवादास्पद फैसला आया, जिसके तहत सौरव गांगुली, वीरेंद्र सहवाग, हरभजन सिंह, शिवसुंदर दास और दीप दास गुप्ता के साथ-साथ सचिन को भी दंडित किया गया?

379. सन् 2001 के कलंकित पोर्ट ऐलिजाबेथ टेस्ट में दक्षिण अफ्रीका के किस बल्लेबाज ने सचिन को माइक डेनेस द्वारा एक मैच के लिए निलंबित किए जाने से पहले 196 रन पर आउट किया?

380. सन् 2001 में बंगलौर में इंग्लैंड के विरुद्ध तीसरे टेस्ट में सचिन ने फिरकी डालनेवाले गेंदबाज एश्ले जॉइल्स द्वारा आउट किए जाने से पहले 90 रन बना लिये थे। मास्टर ब्लास्टर को आउट किए जाने के

उत्तर के लिए कृपया पृष्ठ सं. 155 देखें।

बारे में क्या असाधारण बात थी ?

381. सन् 2002 में एम.ए. चिदंबरम स्टेडियम, चेन्नै में भारत और इंग्लैंड के बीच तीसरे एकदिवसीय में किस बल्लेबाज ने पहली बार सचिन के साथ पारी के आरंभ में बल्लेबाजी की और दोनों ने मिलकर पहले विकेट के लिए एक शतकीय साझेदारी निभाई ?

कल्पनातीत साझेदारी का श्रीगणेश

श्रीलंका के पूर्व कप्तान सनत जयसूर्या हमेशा से सचिन के बहुत मजबूत प्रतिद्वंद्वी रहे हैं। तथापि, जब वे दोनों एक-दूसरे के कड़े प्रतिद्वंद्वी 18 जुलाई, 1998 को लॉड्‌र्स में खेले गए प्रिंसेस ऑफ वेल्स मेमोरियल मैच में एक ही टीम की ओर से पहली बार और सिर्फ उसी बार एक जोड़ी के रूप में सबसे पहले बल्लेबाजी करने के लिए मैदान में उतरे तो दर्शकों को लगा कि वे कोई सपना देख रहे हैं। चैरिटी के लिए आयोजित उच्च स्तर के उस मैच में इस जोड़ी ने 'रेस्ट ऑफ द वर्ल्ड' की ओर से बल्लेबाजी की शुरुआत की।

382. सन् 2002 में चेन्नै में इंग्लैंड के विरुद्ध तीसरे एकदिवसीय में सचिन पहली बार कप्तान बने किस भारतीय के अंतर्गत खेले ?

383. सन् 2002 में ग्रीन पार्क, कानपुर में सचिन ने किस देश के विरुद्ध खेलते हुए 67 गेंदों में लाजवाब 87 रन बनाकर एकदिवसीय मैचों में 11,000 रन पूरा करनेवाले सबसे पहले बल्लेबाज होने का इतिहास रचा ?

384. सन् 2002 में जिंबाब्वे के खिलाफ नागपुर टेस्ट में सचिन ने छठे विकेट के लिए जिस बल्लेबाज को साथ में खेलते हुए 171 रनों की साझेदारी की, प्रसंगवश उस बल्लेबाज ने उसी पारी में अपने खेल जीवन का एकमात्र शतक बनया। वह कौन था ?

385. सचिन ने सन् 2002 में किस देश के विरुद्ध खेलते हुए 117 रन का

उत्तर के लिए कृपया पृष्ठ सं. 155 देखें।

मैच विजयी स्कोर बनाकर ब्रैडमैन के 29 टेस्ट शतकों का रिकॉर्ड बराबर किया?

386. सन् 2002 में भारत के ऐतिहासिक 500वें एकदिवसीय की मैच में सचिन ने 105 अविजित रन बनाए और उसके साथ ही कुल मिलाकर अपना बत्तीसवाँ शतक दर्ज कराया। भारत का जिस देश के साथ मुकाबला चल रहा था, उसके विरुद्ध बाईस प्रयासों में सचिन का यह सबसे पहला एकदिवसीय शतक भी था। उस देश का नाम बताएँ।

तेंदुलकर और 20 शून्य

सचिन के एकदिवसीय कैरियर की शुरुआत लगातार 2 शून्य के साथ हुई और वह 1 जनवरी, 2011 तक अपने एकदिवसीय कैरियर में बीस बार शून्य पर आउट हो चुके हैं।

387. इंग्लैंड सीरीज के तीसरे टेस्ट में सचिन ने किस मैदान पर 193 रन बनाकर सर डॉन ब्रैडमैन के 29 शतकों का रिकॉर्ड पार किया?

388. सन् 2002 में इंग्लैंड के विरुद्ध खेलते हुए सचिन ने किस मैदान पर अपना सौवाँ टेस्ट खेला और वह इस मील के पत्थर तक पहुँचनेवाले सबसे युवा क्रिकेट खिलाड़ी बन गए?

389. सन् 2002 में सचिन ने किस देश के विरुद्ध 176 रन बनाकर ईडन गार्डन, कोलकाता में अपना सबसे पहला शतक ठोंका?

390. सन् 2002 में किस देश के विरुद्ध खेलते हुए सचिन अपनी स्वाभाविक लय-ताल में न होने के कारण एक अभूतपूर्व क्रम में चार पारियों में 0,0,8 और 0 पर आउट हुए?

391. सन् 2003 के विश्व कप के लिए भारत के प्रारंभिक मैच में सचिन ने बोलैंड बैंक पार्क, पार्ल में खेलते हुए किस देश के खिलाफ 52 रन बनाए और इसके साथ ही वह कपों में सर्वाधिक रन बनाने वाले खिलाड़ी के रूप में जावेद मियाँदाद से आगे निकल गए?

उत्तर के लिए कृपया पृष्ठ सं. 155 देखें।

392. सन् 2003 के विश्व कप में दक्षिण अफ्रीका ने सचिन को पीटर मेरिट्ज़बर्ग में सिटी ओवल में शानदार 152 रन का स्कोर बनाते हुए देखा। भारत का मुकाबला किस टीम से था?

393. सन् 2003 रग्बी वर्ल्ड कप के लिए ऑस्ट्रेलिया में अपने देश की ओर से खेलनेवाले किस डॉक्टर ने सन् 2003 के विश्व कप में भारत के विरुद्ध मैच में सचिन को 152 पर आउट किया?

394. सन् 2003 के विश्व कप के लिए सुपर स्पोर्ट पार्क, सेंचूरियन में पाकिस्तान के विरुद्ध खेले गए मैच में सचिन ने कितने रन बनाकर भारत को अपने सबसे बड़े प्रतिद्वंद्वी के खिलाफ लगातार चौथी जीत दिलाई?

वाल्श और उनकी चकमा देती गेंदबाजी

वेस्टइंडीज के पूर्व महान् खिलाड़ी कोर्टनी वाल्श एकमात्र ऐसे गेंदबाज हैं, जिसने सचिन को एकदिवसीय मैचों में एक से अधिक बार शून्य पर आउट किया है। वाल्श ने सचिन को पहली बार 17 अक्तूबर, 1994 को फरीदाबाद में हुए एकदिवसीय में शून्य पर आउट किया; दूसरी बार उन्होंने 8 सितंबर, 1999 को सिंगापुर में त्रिकोणीय श्रृंखला के मैच में मास्टर ब्लास्टर का विकेट शून्य पर उखाड़ दिया।

395. किस पाकिस्तानी गेंदबाज ने सन् 2003 के विश्व कप के दौरान सुपरस्पोर्ट पार्क, सेंचूरियन में खेले गए मैच में सचिन को 98 पर आउट करके शतक से वंचित कर दिया?

396. न्यूजीलैंड के विरुद्ध भारत के सन् 2003 के विश्व कप सुपर सिक्स मैच में न्यूजीलैंड के किस गेंदबाज ने 15 रन पर सचिन का विकेट लेकर एक साल के अंदर लगातार तीसरी बार मास्टर ब्लास्टर को आउट किया?

397. सचिन ने न्यू वांडरर्स स्टेडियम, जोहानिसबर्ग में ऑस्ट्रेलिया के विरुद्ध सन् 2003 के विश्व कप फाइनल में कितने रन बनाए?

उत्तर के लिए कृपया पृष्ठ सं. 155 देखें।

398. सन् 2003 के विश्व कप फाइनल में भारतीय पारी के पहले ही ओवर में किस ऑस्ट्रेलियाई गेंदबाज ने सचिन को 4 रन पर आउट किया?

399. सन् 2003 के टी.वी.एस. कप के लिए ऑस्ट्रेलिया के विरुद्ध दूसरे खेल में सन् 2003 के वर्ल्ड कप फाइनल में विश्व विजेता बनी टीम के साथ भारत की पहली भिड़ंत होने पर सचिन ने ग्वालियर में न केवल एक मैच-विजयी शतक (100 रन) बनाया, बल्कि उसी मैच के एक और शतकवीर के साथ दूसरे विकेट के लिए 190 रन की साझेदारी का निर्माण किया। वह दूसरा खिलाड़ी कौन था?

400. अपने टेस्ट कैरियर में पाँच बार सचिन का विकेट लेनेवाला वह ऑस्ट्रेलियाई गेंदबाज कौन है, जिसने सन् 2003 के मेलबोर्न टेस्ट में पहली बार मास्टर ब्लास्टर को पहली ही गेंद में शून्य पर आउट किया?

☐

उत्तर के लिए कृपया पृष्ठ सं. 155 देखें।

8

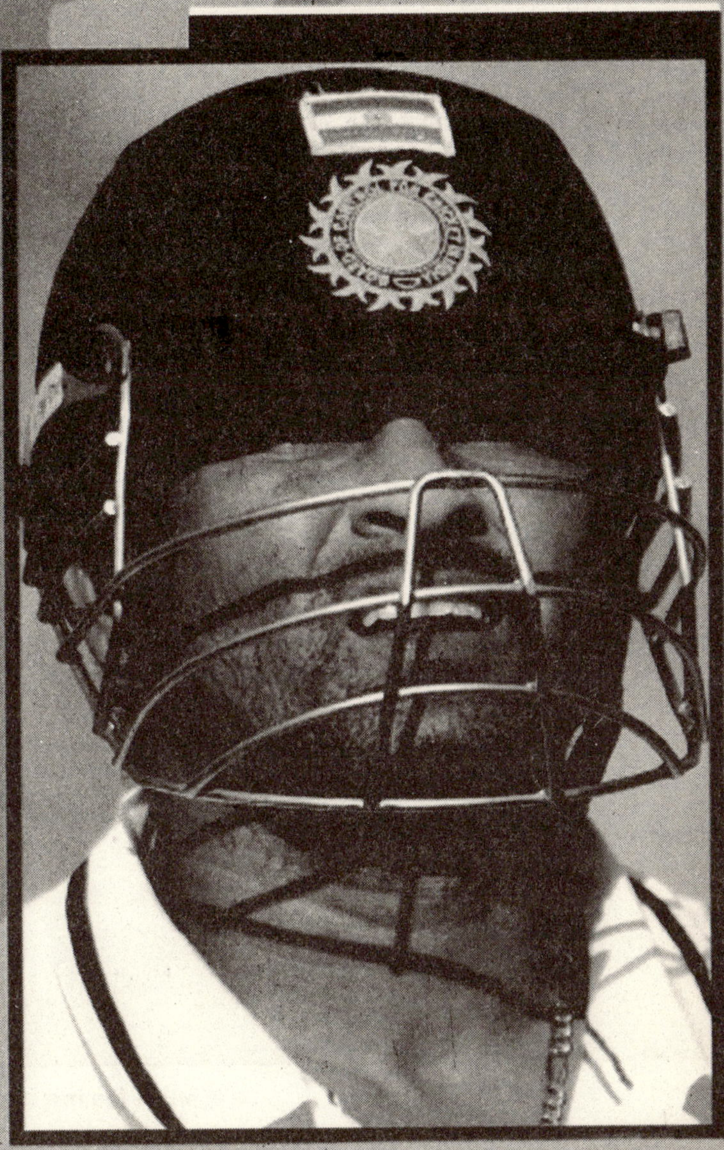

फोटो साभार : दिव्यांगशु सरकार

फोटो साभार : दिव्यांगशु सरकार

कीर्ति-पुरुष

कोहनी के दर्द के कारण चाहे सारा क्रिकेट-कैरियर दाँव पर लगा हो, बार-बार की चोट ने कुछ-कुछ देर के लिए खेल से दूर रखा हो या कभी-कभी वह अपने खेल की स्वाभाविक लय-ताल खो बैठे हों, फिर भी सचिन तेंदुलकर का जादुई बल्ला रुका नहीं, चलता रहा और अनेकानेक विश्व रिकॉर्डों को ध्वस्त करता रहा। 10,000 रनों का पहाड़, सुनील गावस्कर के 34 शतक— कुछ भी पहुँच के बाहर नहीं छोड़ा।

401. सन् 2003-04 में ऑस्ट्रेलिया के दौरे पर सचिन ने अपना स्वाभाविक प्रदर्शन न कर पाने के बावजूद किस मैदान पर ऐतिहासिक 241 नाबाद रन बनाए?

402. सिडनी में 241 रनों की पारी खेलने के साथ ही सचिन ने ऑस्ट्रेलिया के एक बल्लेबाज के 32 शतकों का रिकॉर्ड बराबर कर लिया। संयोगवश, वही बल्लेबाज इस मैच में अंतिम पारी खेलकर क्रिकेट से विदा ले रहा था।

403. सचिन ने नाबाद 241 रनों का शानदार स्कोर बनाते हुए एक ऐसा कीर्तिमान भी स्थापित किया जिसे दो दिन बाद केपटाउन में ब्रायन लारा

उत्तर के लिए कृपया पृष्ठ सं. 155 देखें।

ने बराबर कर दिया। वह कौन सा कीर्तिमान था?

404. सन् 2004 में सिडनी में नाबाद 241 का स्कोर बनाने के बाद सचिन उसके अगले ही टेस्ट मैच में लगातार अपना दूसरा दोहरा शतक बनाने से चूक गए, क्योंकि उस मैच में वह 194 पर नॉट आउट रहे। सचिन किस देश के विरुद्ध वह मैच खेल रहे थे?

कॉलिंस के खिलाफ दोहरी मार झेली

सचिन अपने टेस्ट कैरियर में आज तक चौदह बार शून्य पर आउट हो चुके हैं, लेकिन वेस्टइंडीज के तेज गेंदबाज पेड्रो कॉलिंस ही एकमात्र गेंदबाज हैं, जिन्होंने लगातार दो टेस्ट मैचों में सचिन को शून्य पर आउट किया है। कॉलिंस ने 2002 की टेस्ट शृंखला के तीसरे टेस्ट में सचिन को ब्रिजटाउन, बारबाडोस में शून्य पर चलता किया और उसी शृंखला के चौथे टेस्ट में भी सेंट जॉन्स, एंटिगुआ में शून्य पर आउट कर दिया। दोनों अवसरों पर वेस्टइंडीज के विकेटकीपर रिड्ले जैकॅब्स ने कैच लेकर बाएँ हाथ के तेज गेंदबाज कॉलिंस की मदद की। दिलचस्प बात है कि किंग्स्टन, जमैका में खेले गए पाँचवें टेस्ट में भी कॉलिंस ने ही सचिन को अपना शिकार बनाया और उन्हें 86 रन पर आउट कर दिया।

405. पाकिस्तान के खिलाफ सन् 2004 की ऐतिहासिक टेस्ट सीरीज में सचिन ने शानदार 141 रन बनाए और इसके साथ ही वह पाकिस्तान में किसी एकदिवसीय मैच में शतक बनानेवाले पहले भारतीय और 13,000 एकदिवसीय रन पूरे करनेवाले पहले बल्लेबाज बन गए। उस जगह का नाम बताएँ, जहाँ यह मैच खेला गया?

406. सन् 2004 के मुलतान टेस्ट में जब सचिन 194 रन पर बल्लेबाजी कर रहे थे, एक कार्यकारी कप्तान ने भारतीय पारी की समाप्ति की घोषणा कर दी, जिसके कारण एक विवाद उत्पन्न हो गया। वह कार्यकारी कप्तान कौन था?

उत्तर के लिए कृपया पृष्ठ सं. 155 देखें।

407. दांबुला में हुए सन् 2004 के एशिया कप के दूसरे मैच में यू.ए.ई. के किस गेंदबाज ने (जो टेस्ट मैच में पहली बार गेंदबाजी कर रहा था) सचिन को 18 रन पर आउट कर 1,000 डॉलर जीते?

408. सन् 2004 में सचिन ने टेस्ट क्रिकेट में किस देश के विरुद्ध नाबाद 248 रन का अपना उच्चतम स्कोर बनाया?

409. किस देश के खिलाफ खेलते हुए सचिन ने सुनील गावस्कर के 34 टेस्ट शतकों के रिकॉर्ड की बराबरी कर ली?

410. सन् 2005 में पाकिस्तान के खिलाफ खेलते हुए सचिन ने किस मैदान पर टेस्ट क्रिकेट में 10,000 रन पूरे किए और सुनील गावस्कर, ऐलन बॉर्डर, स्टीव वॉ और ब्रायन लारा के बाद इस मुकाम तक पहुँचनेवाले पाँचवें खिलाड़ी बने?

411. सन् 2005 में सचिन ने अपने क्रिकेट कैरियर में दूसरी बार किसी एकदिवसीय मैच में 5 विकेट लिये?

412. सन् 2005 में सचिन ने किस देश के विरुद्ध 109 रन बनाकर टेस्ट क्रिकेट में सर्वाधिक शतक बनानेवाले बल्लेबाज के रूप में नाम कमाया?

413. सन् 2005 में भारत और श्रीलंका के बीच टेस्ट शृंखला के दूसरे मैच में सचिन ने किस मैदान पर अपना 35 टेस्ट शतक बनाकर विश्व रिकॉर्ड कायम किया?

शून्य की दोहरी मार

पेड्रो कॉलिंस के अलावा ग्लेन मैक्ग्रेथ और मखाया एंतिनी दो अन्य गेंदबाज हैं, जिन्होंने सचिन को टेस्ट मैचों में दो-दो बार शून्य पर आउट किया है।

414. सन् 2006 में इंग्लैंड के विरुद्ध पहले टेस्ट में टेस्ट क्रिकेट में प्रवेश पानेवाला इंग्लैंड का वह गेंदबाज कौन था, जिसने सचिन को आउट करके टेस्ट मैच में अपना पहला विकेट लिया?

उत्तर के लिए कृपया पृष्ठ सं. 156 देखें।

90 के पार एकदिवसीय मैचों से पहले की घबराहट

टेस्ट मैचों में सचिन 90 से अधिक रन बनाने के बाद 100 तक पहुँचने से पहले आठ बार आउट हो चुके हैं, जबकि एकदिवसीय मैचों में वह अठारह बार 90 से अधिक के स्कोर पर अपना विकेट गँवा चुके हैं और शतक से चूके हैं। यह भी एक विश्व रिकॉर्ड है। ग्रांट फ्लावर, अरविंद डी-सिल्वा और नॉथन एस्ले को 90 से ऊपर के स्कोर पर आउट होनेवालों में दूसरा स्थान दिया जा सकता है। टेस्ट क्रिकेट में 90 से ऊपर के स्कोर पर 10 बार आउट होने का रिकॉर्ड सचिन के साथी खिलाड़ी राहुल द्रविड़ के नाम है। तथापि, कुल मिलाकर 26 बार 90 या उससे अधिक रन स्कोर करने के साथ, अंतरराष्ट्रीय क्रिकेट में सबसे ज्यादा बार 90 या उससे अधिक रन बनाने का रिकॉर्ड सचिन का ही है।

415. सन् 2006 में वानखेड़े स्टेडियम, मुंबई में इंग्लैंड के विरुद्ध तीसरे टेस्ट में सचिन ने एक भारतीय क्रिकेट खिलाड़ी के 131 टेस्ट खेलने के रिकॉर्ड को पीछे छोड़ दिया। उस क्रिकेट खिलाड़ी का नाम बताएँ।
416. सन् 2006 में किंरारा अकादमी ओवल, कुआलालंपुर में आयोजित डी.एल.एफ. कप स्पर्धा में सचिन किस देश के खिलाफ जबरदस्त 141 रन बनाकर नॉट आउट रहे?
417. कुआलालंपुर में ऑस्ट्रेलिया के विरुद्ध सन् 2006 के डी.एल.एफ. कप के छठे मैच में किस अंपायर ने एक विवादास्पद निर्णय में सचिन को आउट घोषित करने के बाद बाउंडरी से उन्हें वापस बुलाया?
418. सचिन ने अपने क्रिकेट जीवन में कितने ट्वेंटी-20 इंटरनेशनल मैच खेले हैं?
419. भारत में वह कौन सा स्टेडियम है, जहाँ सचिन ने आज तक सबसे अधिक टेस्ट शतक बनाए हैं?
420. अपने कैरियर में सचिन ने किस देश के विरुद्ध और किस मैदान पर

उत्तर के लिए कृपया पृष्ठ सं. 156 देखें।

आज तक एक ही अंतरराष्ट्रीय ट्वेंटी-20 मैच खेला है?

421. सचिन ने जो एकमात्र इंटरनेशनल ट्वेंटी-20 मैच खेला है, उसमें उन्होंने कितने रन बनाए थे?

422. सचिन ने ट्वेंटी-20 इंटरनेशनल मैचों में केवल 1 विकेट लिया है। वह किसका विकेट था?

423. सचिन ने अपना एकमात्र ट्वेंटी-20 अंतरराष्ट्रीय मैच किसकी कप्तानी में खेला?

सचिन के 301

टेस्ट क्रिकेट में किसी एक पारी में सचिन का अधिकतम स्कोर बँगलादेश के विरुद्ध 248 रन नॉट आउट है, लेकिन किसी एक टेस्ट में उनका कुल उच्चतम स्कोर (दोनों पारियों को मिलाकर) 301 रन है। सन् 2004 में ऑस्ट्रेलिया के विरुद्ध सिडनी टेस्ट में सचिन ने पहली पारी में नाबाद 241 रन और क्रमशः दूसरी पारी में अविजित 60 रन बनाकर किसी एक टेस्ट में अपना अधिकतम स्कोर दर्ज कराया।

424. 19 मार्च, 2006 को इंग्लैंड के विरुद्ध तीसरे टेस्ट की पहली पारी में बड़े ही डाँवाँडोल ढंग से 21 गेंदों में 1 रन बनाने के बाद सचिन को (जो अपना रिकॉर्ड 132वाँ टेस्ट खेल रहे थे) दर्शकों के एक वर्ग ने बहुत बुरी तरह हूट किया। यह घटना किस जगह की है?

लगातार तीन शून्य

यह घटना सन् 2002 की है, जब सचिन वेस्टइंडीज के विरुद्ध एक के बाद एक लगातार तीन टेस्टों में (न कि तीन पारियों में) शून्य पर आउट हो गए। पोर्ट ऑफ स्पेन में दूसरे टेस्ट की पहली पारी में प्रभावशाली 117 रन बनाने के बाद सचिन को ब्रिजटाउन में हुए तीसरे टेस्ट की

उत्तर के लिए कृपया पृष्ठ सं. 156 देखें।

पहली पारी में बिना खाता खोले पहली गेंद पर ही चलता कर दिया गया था और फिर सेंट जोंस में चौथे टेस्ट की पहली पारी में भी इसी तरह।

425. सन् 2006 में किंग्समीड, डरबन में दक्षिण अफ्रीका के खिलाफ दूसरे एकदिवसीय में सचिन के साथ पहली बार और एक ही बार पारी की शुरुआत में बल्लेबाजी करने आए उस खिलाड़ी का नाम बताएँ, जिसका वह पहला टेस्ट था और जो शून्य पर आउट हो गया था?

☐

उत्तर के लिए कृपया पृष्ठ सं. 156 देखें।

9

फोटो साभार : दिव्यांगशु सरकार

फोटो साभार : दिव्यांगशु सरकार

अमर खिलाड़ी का पुनरुत्थान

वेस्टइंडीज में विश्व कप के दौरान बहुत खराब प्रदर्शन के बाद ऐसी हवा चल पड़ी जैसे सचिन का कैरियर समाप्त हो गया हो। लेकिन 'एंडुलकर' ने राख से पुनर्जीवित हो उठ खड़े होनेवाले अमर पक्षी की भाँति पूरी शक्ति के साथ पुनः खड़े होकर अपने आलोचकों का मुँह बंद कर दिया। खेल के दोनों रूपों से सर्वाधिक रनों का धनी अविश्वसनीय 30,000 रन और गिनतियों का बढ़ता सिलसिला, 50 से अधिक टेस्ट शतक, लगभग 100 अंतरराष्ट्रीय शतक तथा एकदिवसीय में एक अकल्पनीय दोहरा शतक— सचिन का विश्व-विजयी यज्ञ जारी है।

426. सन् 2007 में हुए एक टेस्ट में अंपायर डेरिल हार्पर ने सचिन को बल्लेबाजी करने की अनुमति नहीं दी, क्योंकि उन्होंने 18 मिनट बिता दिए थे, जिनमें से 13 मिनट का इस्तेमाल पिछले दिन मैदान के बाहर किया गया था। सचिन को पैवेलियन वापस भेज दिया गया और सौरव गांगुली जल्दी से उनकी जगह क्रीज पर आ गए। भारत किस देश के विरुद्ध खेल रहा था?
427. सन् 2007 में सचिन ने इंडियन पेट्रोकेमिकल्स कॉरपोरेशन लिमिटेड

उत्तर के लिए कृपया पृष्ठ सं. 156 देखें।

क्वैक, क्वैक, क्वैक

सन् 1994 में ऑस्ट्रेलिया के विरुद्ध अपना पहला एकदिवसीय शतक बनाने के बाद सचिन अगले तीन एकदिवसीय मैचों में अपना खाता भी नहीं खोल पाए। सचिन ने अगले तीन एकदिवसीय मैचों में शून्य पर आउट होने की हैट्रिक बनाई। पहले कोलंबो में श्रीलंका के विरुद्ध शून्य पर आउट हुए और फिर अगले दो एकदिवसीय में क्रमशः फरीदाबाद तथा मुंबई में वेस्टइंडीज के खिलाफ बिना खाता खोले पैवेलियन लौट गए।

गिली और सचिन

ऑस्ट्रेलिया के पूर्व विकेट कीपर ऐडम गिलक्रिस्ट ने (एक फील्डर के रूप में) सचिन को टेस्ट मैचों और एकदिवसीय मैचों दोनों में सबसे अधिक बार आउट किया है। गिली ने टेस्ट मैचों में विकेट के पीछे सचिन के आठ कैच लिये हैं, जबकि एकदिवसीय मैचों में पूर्व ऑस्ट्रेलियाई विकेटकीपर ने नौ बार सचिन के कैच पकड़े हैं और उन्हें एक बार स्टंप किया है।

उत्तर के लिए कृपया पृष्ठ सं. 156 देखें।

स्पोर्ट्स कॉम्प्लेक्स ग्राउंड, वडोदरा में किस देश के विरुद्ध खेलते हुए 76 गेंदों में एक शतक बनाया और उस शतक तक पहुँचने के लिए पारी की अंतिम गेंद का पूरा-पूरा लाभ उठाया?

428. सन् 2007 आई.सी.सी. वर्ल्ड कप में क्वींस पार्क ओवल, पोर्ट ऑफ स्पेन, ट्रिनिडाड में खेले गए एक मैच में सचिन ने किस देश के विरुद्ध 29 गेंदों में 57 रन बनाकर टूर्नामेंट में अपना सर्वश्रेष्ठ स्कोर दर्ज कराया?

429. सन् 2007 में सिविल सर्विस क्रिकेट क्लब, स्टॉरमोंट में रोजर व्हेलन ने किस देश की ओर से पहली बार खेलते हुए इंटरनेशनल क्रिकेट में सचिन को पहले ही ओवर में आउट कर दिया?

430. सन् 2007 में सिविल सर्विस क्रिकेट क्लब, स्टॉरमोंट, बेल्फास्ट में फ्यूचर कप के पहले एकदिवसीय में सचिन 524 इंटरनेशनल मैचों में पहली बार किस देश के विरुद्ध 99 रन पर आउट हुए?

आशंकित 90 के पार दो-दो बार हुए शिकार

टेस्ट क्रिकेट के तीन मैदानों ने सचिन को 'आशंकित 90' के स्कोर के बाद दो-दो बार आउट होते हुए देखा है। टेंटब्रिज, नॉटिंघम में सचिन ने सन् 2002 और 2007 में इंग्लैंड के विरुद्ध क्रमशः 92 और 91 रन बनाए। सन् 1994 में बंगलौर के एम. चिन्नास्वामी स्टेडियम में सचिन श्रीलंका के विरुद्ध 96 रन और सन् 2001 में इसी मैदान पर इंग्लैंड के विरुद्ध 90 रन बनाकर आउट हो गए। मोहाली वह तीसरी जगह है, जहाँ सचिन 'नर्वस नाइंटीज' में दो बार अपना विकेट खो बैठे; सन् 2005 में पाकिस्तान के विरुद्ध खेलते हुए वह 94 रन पर और सन् 2010 में ऑस्ट्रेलिया के विरुद्ध 98 रन पर आउट हो गए।

431. सन् 2007 में सचिन ने कितनी बार 99 रन पर अपना विकेट खोया?

432. सचिन को सन् 2007 में एक सीमित ओवर के मैच में किस देश के विरुद्ध 93 रन बनाकर 15,000 रन पूरे करनेवाला पहला क्रिकेट खिलाड़ी

उत्तर के लिए कृपया पृष्ठ सं. 156 देखें।

होने का श्रेय प्राप्त हुआ?

433. सन् 2007 में सचिन ने अविजित 122 बनाकर भारत को उसकी सबसे बड़ी टेस्ट विजय दिलाई (एक पारी और 239 रन)। टेस्ट मैच के इतिहास में यह एक ऐसा मैच था, जिसकी पहली पारी में सचिन समेत ऊपरी क्रम के सभी चारों बल्लेबाजों ने शतक बनाए। यह मैच किस देश के विरुद्ध खेला गया था?

434. सन् 2007 में सचिन ने किस देश के खिलाफ उत्कृष्ट बल्लेबाजी करते हुए 91 रन के स्कोर के साथ 11,000 टेस्ट रन के कीर्तिमान को पार किया?

सचिन के 99 का किस्सा

सचिन कभी किसी टेस्ट में 99 रन पर आउट नहीं हुए हैं, लेकिन तीन एकदिवसीय मैचों में जरूर ऐसा हुआ है। दिलचस्प बात यह है कि ये सभी मैच एक ही सन् 2007 में खेले गए थे। पहला मैच 26 जून को दक्षिण अफ्रीका के विरुद्ध बेल्फास्ट में हुआ था, दूसरा 24 अगस्त को ब्रिस्टल में इंग्लैंड के विरुद्ध और तीसरा 8 नवंबर को पाकिस्तान के खिलाफ मोहाली में।

435. सन् 2007 में पाकिस्तान के विरुद्ध 5-मैच के एकदिवसीय सीरीज में सचिन 'नर्वस नाइंटीज' में दो बार आउट हुए—99 और 97 के स्कोर पर। दोनों अवसरों पर किस गेंदबाज ने सचिन का विकेट लिया?

436. सन् 2008 में सचिन ने किस मैदान पर लाजवाब 154 रन बनाकर अपने कैरियर का अड़तीसवाँ टेस्ट शतक पूरा किया और उस मैदान पर तीसरा शतक?

437. सन् 2008 की टेस्ट श्रृंखला के चलते ऑस्ट्रेलिया में सचिन ने सिडनी में अविजित 154 रन का स्कोर करते हुए आठवें विकेट के लिए भारत की टीम के एक आखिरी खिलाड़ी के साथ 129 रनों की साझेदारी का

उत्तर के लिए कृपया पृष्ठ सं. 156 देखें।

भारतीय रिकॉर्ड कायम किया, जिसमें उस खिलाड़ी का अपना पहला अर्ध-शतक भी शामिल था। वह खिलाड़ी कौन था?

सौ अर्ध-शतक

टेस्ट क्रिकेट में सर्वाधिक संख्या में 50 और उससे अधिक के स्कोर (शतक, दोहरे शतक और तिहरे शतकों को मिलाकर) बनाने का रिकॉर्ड सचिन के नाम है, क्योंकि सचिन ने सौ से अधिक बार ऐसा किया है—और ऐसा कर दिखानेवाले वह अकेले खिलाड़ी हैं। लेकिन 63 अर्ध-शतकों के साथ टेस्ट क्रिकेट में सर्वाधिक अर्ध-शतकों का विश्व रिकॉर्ड ऑस्ट्रेलिया के पूर्व कप्तान एलन बॉर्डर के नाम है।

438. गाबा, ब्रिस्बेन में ऑस्ट्रेलिया के विरुद्ध सन् 2008 के कॉमनवेल्थ बैंक सीरीज के पहले एकदिवसीय मैच में सचिन अपने 408 मैचवाले कैरियर में पहली बार हिट-विकेट आउट हुए। गेंदबाज कौन था?

439. सचिन किस देश के विरुद्ध खेलते हुए एकदिवसीय मैचों में 16,000 रन पूरे करनेवाले पहले बल्लेबाज बने?

440. सिडनी में ऑस्ट्रेलिया के खिलाफ 2008 के कॉमनवेल्थ बैंक सीरीज के पहले फाइनल में सचिन ने 38 पारियों के बाद ऑस्ट्रेलिया में अपना पहला एकदिवसीय शतक पूरा कर कितने रन बनाए?

441. ऑस्ट्रेलिया डाउन अंडर के विरुद्ध जिस खेल में सचिन ने अपना पहला एकदिवसीय शतक बनाया, उसमें सचिन का प्रारंभिक जोड़ीदार कौन था?

442. सन् 2008 में सचिन ने किस देश के विरुद्ध चेन्नै में शानदार 103 नाबाद रन बनाकर चौथी पारी में रनों के लिए एक सफल दौड़ में अपना सबसे पहला शतक पूरा किया?

उत्तर के लिए कृपया पृष्ठ सं. 156 देखें।

10,000 रन तक पहुँचनेवाले सबसे तेज बल्लेबाज

पारियों की संख्या के मामले में टेस्ट मैचों में सबसे तेज रफ्तार से 10,000 रन बनाने का रिकॉर्ड ब्रायन लारा के साथ-साथ सचिन के नाम है। दोनों ने इस मुकाम तक पहुँचने के लिए 195 पारियाँ खेलीं। तथापि, लारा ने सिर्फ 111 टेस्टों में खेल कर 10,000 रन पूरे किए, जबकि सचिन ने यहाँ तक पहुँचने के लिए 122 टेस्ट खेले।

अधिकतर 1,000 रन एक वर्ष में

एक कैलेंडर वर्ष मे अधिकतर 1,000 रन बनाने का रिकॉर्ड सचिन के नाम है। सचिन ने सबसे पहले सन् 1997 में एक कैलेंडर वर्ष में 1,000 रन पूरे किए। तदनंतर उसने पाँच बार, अर्थात् सन् 1999, 2001, 2002, 2008 और 2010 में यही कमाल किया।

उत्तर के लिए कृपया पृष्ठ सं. 156 देखें।

सर्वाधिक टेस्ट मैचों के खिलाड़ी

सचिन ने सबसे अधिक टेस्ट मैच खेले हैं। स्टीव वॉ का 168 टेस्ट खेलने का रिकॉर्ड पार करने के बाद सचिन को विश्व में सबसे अधिक टेस्ट मैच खेलने का खिताब हासिल हुआ। सचिन ने 3 अगस्त, 2010 को कोलंबो में सिंहली स्पोर्ट्स क्लब में श्रीलंका के विरुद्ध खेले गए मैच में यह कीर्तिमान प्राप्त किया।

443. सन् 2008 में सचिन ने न केवल 12,000 रन पूरे किए बल्कि ब्रायन लारा का 11,953 का रिकॉर्ड तोड़कर टेस्ट क्रिकेट में सबसे अधिक रन बनानेवाले खिलाड़ी का स्थान भी प्राप्त कर लिया। वह किस देश के विरुद्ध खेल रहे थे, जब उन्होंने यह रिकॉर्ड कायम किया?

444. सन् 2009 में सचिन ने किस देश के विरुद्ध नाबाद 160 रन बनाकर भारत को टेस्ट श्रृंखला में विजय दिलाई?

445. सन् 2009 में सचिन ने शानदार 163 रन बनाकर एक देश विशेष में अपना पहला एकदिवसीय शतक दर्ज किया। उस देश का नाम बताएँ।

446. इंडियन प्रीमियर लीग के सीजन-3 में मुंबई इंडियन के कप्तान ने सबसे आगे रहकर ट्वेंटी-20 में आज तक का अपना सर्वाधिक स्कोर बनाया और अपनी टीम को राजस्थान रॉयल्स पर 37 रन से जीत दिलाकर ट्वेंटी-20 स्पर्धा के सेमी-फाइनल में पहुँचा दिया। सचिन ने कितने रन बनाए?

447. सन् 2009 में सचिन ने ऑस्ट्रेलिया के विरुद्ध पाँचवें एकदिवसीय में शानदार 175 रन तो बनाए, लेकिन उस मैच में भारत को जीत दिलाने में असफल रहे। यह मैच किस मैदान पर खेला गया था?

एक असाधारण जोड़ी

सचिन ने जब एकदिवसीय मैचों में अपना दोहरा ऐतिहासिक शतक बनाया, तब वह पाकिस्तान के महान् प्रारंभिक बल्लेबाज सईद अनवर के

उत्तर के लिए कृपया पृष्ठ सं. 156 देखें।

194 रनों के स्कोर से आगे निकल गए। दिलचस्प बात यह है कि एक बार इन दोनों ने मिलकर प्रारंभिक बल्लेबाजी की थी। वह मौका तब आया, जब भारतीय और पाकिस्तानी खिलाड़ियों की एक संयुक्त अर्थात् मिली-जुली टीम सन् 1996 के विल्स वर्ल्ड कप के दौरान श्रीलंका के विरुद्ध एक दोस्ताना मैच खेलने के लिए गई, क्योंकि वेस्टइंडीज और ऑस्ट्रेलिया ने टापुओं से घिरे देश (आइलैंड नेशन) में खेलने जाने से मना कर दिया था।

448. सन् 2009 में सचिन ने अपना 43वाँ टेस्ट शतक मारा और उसके साथ ही अंतरराष्ट्रीय क्रिकेट में उनके 30,000 रन पूरे हो गए। वह किस देश के विरुद्ध खेल रहे थे, जब उन्होंने यह कामयाबी हासिल की?

449. सचिन ने कप्तान रूप सिंह स्टेडियम, ग्वालियर में किस देश के विरुद्ध खेलते हुए एकदिवसीय मैचों में दोहरा शतक जड़नेवाला पहला पुरुष खिलाड़ी होने का नाम कमाया और सईद अनवर तथा चार्ल्स कॉवेंट्री के 194 के उच्चतम एकदिवसीय स्कोर को पीछे छोड़ दिया?

450. सचिन ने सन् 2010 में अपनी दो सबसे बड़ी उपलब्धियाँ हासिल कीं। उन्होंने कप्तान रूप सिंह स्टेडियम, ग्वालियर में दक्षिण अफ्रीका के विरुद्ध दोहरा शतक बनाने का इतिहास रच दिया और जब सचिन ने सेंचूरियन में सुपरस्पोर्ट पार्क में दक्षिण अफ्रीका के खिलाफ लाजवाब 111 रन बनाए तो वह 50 टेस्ट शतक पूरे करनेवाले पहले क्रिकेट खिलाड़ी कहलाए। सचिन ने जब ये दोनों गौरव प्राप्त किए, उस समय कौन सा बल्लेबाज नॉन-स्ट्राइकर एंड पर था?

सर्वाधिक शतकीय साझेदारियों का रिकॉर्ड

साझेदारी में सर्वाधिक शतक बनाने का रिकॉर्ड सचिन और द्रविड़ की जोड़ी के नाम है। इस जोड़ी ने गॉर्डन ग्रीनिज एवं डेसमंड हेंस के सोलह शतकों की साझेदारी का पिछला रिकॉर्ड पार कर लिया।

□

उत्तर के लिए कृपया पृष्ठ सं. 156 देखें।

10

फोटो साभार : दिव्यांगशु सरकार

फोटो साभार : दिव्यांगशु सरकार

सीमा के पार

मैदान पर खेल, जादूगर खेल के मैदान के बाहर भी अपना जादू बिखेरता है। विश्व क्रिकेट के इस चमत्कारिक व्यक्तित्व के अनेक पहलू सामने आए हैं–भारत में सर्वाधिक भरोसेमंद ब्रांड, देश के द्वितीय उच्चतम सिविलियन अवार्ड के अलावा अनेक प्रतिष्ठित पुरस्कारों का विजेता और विश्वास करें या न करें, ऑस्कर से सम्मानित एक फिल्म में उपस्थिति।

451. जब सचिन एक स्कूली छात्र थे और क्रिकेट खेलते थे, एक कंपनी ने उनका समर्थन किया और उसके क्रिकेट कैरियर के आरंभ में उनका खर्च उठाने की जिम्मेदारी ली। मास्टर ब्लास्टर ने उस कंपनी की क्रिकेट टीम में रहते हुए बूची बाबू ट्रॉफी जैसे विभिन्न टूर्नामेंटों में भी हिस्सा लिया। उस कंपनी का नाम बताएँ।

452. सचिन सन् 1990 से किस ब्रांड (ट्रेड मार्क) का समर्थन करते रहे हैं और किस कंपनी के उत्पादों का समर्थन करने के लिए वह 17 वर्ष की उम्र में टी.वी. पर नजर आए? (संकेत : यह सचिन का पहला टी.वी. शूट नहीं था। इस उत्पाद के टी.वी. विज्ञापनों से उनका पहला मेल–

उत्तर के लिए कृपया पृष्ठ सं. 157 देखें।

मिलाप तब हुआ जब वह 17 वर्ष के थे।)

453. सचिन ने एक किशोर के रूप में सबसे पहले किस उत्पाद का समर्थन किया? (संकेत : सचिन ने पहला टी.वी. विज्ञापन इसी उत्पाद के लिए दिया।)

454. सचिन ने जब अंतरराष्ट्रीय क्रिकेट में अपनी आजीविका का श्रीगणेश किया, तब उन्होंने किस ब्रांड के क्रिकेट बैट का इस्तेमाल किया?

455. सचिन ने किस अवसर के लिए मैग्नम शैंपेन की वह बोतल खोली, जो उन्हें सन् 1990 में ओल्ड ट्रैफर्ड टेस्ट के लिए 'मैन ऑफ द मैच' के पुरस्कार-स्वरूप भेंट की गई थी और जिसे उन्होंने आठ साल तक बचाकर रखा?

456. सन् 1994 में सचिन को भारत सरकार से एक प्रतिष्ठापूर्ण राष्ट्रीय पुरस्कार मिला। वह कौन सा पुरस्कार था?

457. सन् 1995 में एक कंपनी ने सचिन के साथ एक स्पोर्ट्स मैनेजमेंट संबंधी सौदा किया, जिस पर दस्तखत करके सचिन विश्व में सबसे अमीर क्रिकेटर बन गए। उस कंपनी का नाम बताएँ।

458. सन् 1995 में सचिन ने पाँच वर्ष के लिए जिस अनुबंध पर हस्ताक्षर किए थे, उसके लिए सचिन को कितनी राशि दी गई?

459. सन् 1995 में सचिन के साथ पाँच साल के लिए एक बड़े अनुबंध पर हस्ताक्षर करने में वर्ल्ड टेल के लिए उसके स्वर्गीय अध्यक्ष ने प्रमुख भूमिका निभाई?

460. सन् 1998 में सचिन भारत सरकार से एक विशेष गौरवपूर्ण पुरस्कार पाने वाले सबसे पहले क्रिकेट खिलाड़ी के रूप में विख्यात हुए। उस पुरस्कार का नाम बताएँ।

461. सन् 1997 में सचिन ने अपने कैरियर में पहली बार अपना नाम क्रिकेट खिलाड़ियों की एक यशस्वी सूची में सम्मिलित पाया। वह कौन सी सूची थी?

462. उन अन्य चार क्रिकेट खिलाड़ियों के नाम बताएँ, जो सन् 1997 में 'विडन क्रिकेटर ऑफ दि ईयर' सूची में शामिल थे।

उत्तर के लिए कृपया पृष्ठ सं. 157 देखें।

463. 27 अगस्त, 1998 को सचिन की भेंट पहली बार एक महान् क्रिकेट खिलाड़ी से हुई। वह कौन था?

464. उपर्युक्त क्रिकेट खिलाड़ी के किस जन्मदिन पर सचिन अपने जीवन में पहली बार उनसे मिलने एडिलेड में उनके घर गए?

465. आज का वह कौन सा दूसरा विख्यात क्रिकेट खिलाड़ी है, जो सचिन के साथ सर डॉन ब्रैडमैन के 90वें जन्मदिन पर उनसे मिलने एडिलेड में उनके घर गया?

एक स्वाभिमानी भारतीय

सचिन सदैव एक राष्ट्रभक्त और स्वाभिमानी भारतीय के रूप में जाने जाते रहे हैं। वे क्रिकेट के अपने बक्से में हमेशा राष्ट्रीय ध्वज रखते हैं और अपने हेलमेट के ऊपर भी उसका निशान लगाए रखते हैं। सन् 2008 में जब उन्होंने चेन्नै में इंग्लैंड के विरुद्ध शानदार 103 रन बनाकर भारत को असंभव लगनेवाली जीत दिलाई तो इस महान् खिलाड़ी ने उस शतक को 26/11 मुंबई हमले के हताहतों एवं पीड़ितों को समर्पित किया। वह आतंकी हमला मैच से डेढ़ महीने पहले मुंबई पर हुआ था।

466. 17 मई, 1999 को किस प्रतिष्ठित अंतरराष्ट्रीय पत्रिका के मुख-पृष्ठ पर सचिन की तसवीर छपी और ऐसा गौरव पानेवाले वह पहले भारतीय खिलाड़ी बने?

467. इस अंतरराष्ट्रीय पत्रिका के 17 मई, 1999 को प्रकाशित अंक के प्रमुख वृत्तांत में सचिन को क्या उपनाम दिया गया था?

468. मुखपृष्ठ पर सचिन की तसवीर के साथ 17 मई, 1999 को प्रकाशित 'टाइम' पत्रिका के अंक में सचिन की महानता की तुलना खेल-जगत् के एक विख्यात व्यक्तित्व से की गई थी। उसका नाम बताएँ।

469. सचिन ने सन् 1999 में मोहाली में न्यूजीलैंड के खिलाफ बनाए शतक (126 नॉट आउट) को किसे समर्पित किया?

उत्तर के लिए कृपया पृष्ठ सं. 157 देखें।

470. सन् 1999 के वर्ल्ड कप के दौरान किस भारतीय बैंक ने सोसाइटी जनरल के साथ एक संयुक्त परियोजना में वर्ल्ड कप के एक सीमित स्मारक संस्करण के रूप में 24 कैरेट सोने का एक पदक जारी किया, जिस पर सचिन का चेहरा था?

सहसा पकड़े जाना

अपने प्रणयकाल के दौरान सचिन एक बार अपनी भावी पत्नी अंजलि के साथ मुंबई के एक थिएटर में मणिरत्नम की फिल्म *'रोजा'* देखने के लिए वेश बदलकर गए। कोई उन्हें पहचाने नहीं, यह सोचकर उन्होंने एक दाढ़ी लगा ली और एक चश्मा पहन लिया। तथापि, छुटके उस्ताद सहसा पकड़े गए, क्योंकि मध्यांतर के दौरान उन्होंने भूल से अपना चश्मा गिरा दिया और ऐसा होते ही साथी दर्शकों ने उन्हें पहचान लिया। परिणामस्वरूप इस प्रेमी जोड़े को फिल्म को बीच में ही छोड़कर जाना पड़ा।

471. सन् 1999 के वर्ल्ड कप के पहले और बाद में ब्रिटेन के किस डॉक्टर ने सचिन की पीठ के दर्द का इलाज किया?

472. एडिलेड में कार्लटन और यूनाइटेड त्रिकोणीय सीरीज 2000 के एक मैच में भारत की जीत के बाद एक टीम ने सचिन पर गेंद के साथ छेड़-छाड़ करने का आरोप लगाया था, लेकिन टूर्नामेंट रेफरी कैमी स्मिथ द्वारा उस आरोप को 'ओछा और निराधार' बताते हुए अंततः खारिज कर दिया गया। उस टीम का नाम बताएँ।

473. सन् 2001 में श्री रॉलैंड पैरी नाम के एक व्यक्ति ने यह खुलासा किया कि सचिन का नाम एक प्रसिद्ध सूची में शामिल है। वह कौन-सी सूची थी?

474. सन् 2001 में किस कंपनी ने पाँच साल के लिए सचिन के साथ 100 करोड़ रुपए के एक भारी-भरकम अनुबंध पर हस्ताक्षर करके उन्हें

उत्तर के लिए कृपया पृष्ठ सं. 157 देखें।

विश्व का पहला अरबपति क्रिकेट खिलाड़ी बना दिया?

475. सचिन और मार्स रेस्तराँ के संजय नारंग के बीच एक संयुक्त उद्यम में गुअॅरमेंट रेस्टोरेंट्स प्राइवेट लिमिटेड के बैनर तले 2 अक्तूबर, 2002 को मुंबई के गेटवे ऑफ इंडिया के निकट किस रेस्तराँ का शुभारंभ किया गया?

मैडम तुसाद में सचिन

सचिन ने बेशक वर्ष सन् 1990 में इंग्लैंड के अपने पहले अंतरराष्ट्रीय दौरे के दौरान एक शतक बनाया होगा, लेकिन लिट्ल मास्टर टेस्ट क्रिकेट में प्रवेश करने के पहले भी क्रिकेट की जन्मस्थली के दर्शन कर चुके थे। वह सन् 1988 में कैलाश गत्तानी के स्टार क्रिकेट क्लब के साथ पहली बार इंग्लैंड गए। इंग्लैंड के उस प्रथम दौरे में सौरव गांगुली व विनोद कांबली भी उनके साथ टीम में शामिल थे और तब वह पहली बार लंदन के प्रसिद्ध म्यूजियम मैडम तुसाद में गए थे। चौदह वर्ष के उस उदीयमान क्रिकेटर खिलाड़ी को तब इस बात की कल्पना तक नहीं थी कि बीस वर्ष बाद लोग उस म्यूजियम में उसकी अपनी मोम की मूर्ति के दर्शन कर सकेंगे।

476. मुंबई में सचिन के गुअॅरमेंट रेस्टोरेंट्स प्राइवेट लि. द्वारा चालू किए गए दूसरे रेस्तराँ (जो अब नहीं चल रहा है) का नाम बताएँ।

477. भारत के किस दूसरे शहर में सचिन की उत्तम भोजन कड़ी के अंतर्गत 'सचिन'स' नाम का एक रेस्तराँ खोला गया?

478. गौरव पांडे द्वारा निर्देशित बॉलीवुड की किस फिल्म में सचिन एक मेहमान कलाकार सचिन के ही रूप में दिखे?

479. ऑस्कर पुरस्कार से सम्मानित किस फिल्म में एक ऐसा दृश्य है, जिसमें फिल्म के कुछ पात्र टी.वी. पर सचिन की बल्लेबाजी देख रहे हैं?

480. टेस्ट क्रिकेट में सर डॉन ब्रैडमैन के 29 शतकों की बराबरी करने पर

उत्तर के लिए कृपया पृष्ठ सं. 157 देखें।

सचिन की कामयाबी को यादगार बनाने के लिए फेरारी ने 23 जुलाई, 2002 को ब्रिटिश ग्रांड प्रिक्स की पूर्व संध्या पर सचिन को सिल्वरस्टोन में दौड़ के मैदान में आमंत्रित किया और उन्हें एक फेरारी भेंट की, जो फॉर्मूला वन के विख्यात विजेता माइकेल शूमाकर द्वारा उन्हें सौंपी गई। फेरारी का वह कौन सा मॉडल था?

481. तत्कालीन एन.डी.ए. सरकार के किस वित्त मंत्री ने सचिन की फेरारी पर 1.13 करोड़ की ड्यूटी माफ करने की खातिर सीमा शुल्क अधिनियम अर्थात् कस्टम्स एक्ट में एक संशोधन किया?

482. सन् 2006 में सचिन ने साची एंड साची के किस प्रसिद्धि प्राप्त प्रबंध-विभाग के साथ तीन वर्ष के लिए 180 करोड़ रुपए के अनुबंध पर दस्तखत किए?

483. नवंबर 2006 में किस जाने-माने प्रकाशन ने सचिन को अपने एक एशियाई वीर (हीरो) का नाम दिया और उसे 'अपनी कला का महानतम जीवित उदाहरण' बतालाया?

484. हम 'लेटरल ऐपिकांडिलाइटिस' को साधारणतः क्या कहते हैं, जिसके कारण सचिन को सन् 2004 और 2005 में कुछ माह के लिए खेल से दूर रहना पड़ा?

485. यह पता चल जाने पर कि वह 'टेनिस ऐल्बो' से पीड़ित हैं, सचिन की बाईं कुहनी का ऑपरेशन लंदन में सेंट जॉन और सेंट एलिजाबेथ के अस्पताल में किया गया। उस डॉक्टर का नाम बताएँ, जिसने यह ऑपरेशन किया।

486. सन् 2007 में लॉर्ड्स टेस्ट के दौरान ब्रिटेन का कौन सा लोकप्रिय अभिनेता खेल ख़त्म होने पर सचिन के ऑटोग्राफ लेने के लिए लाइन में खड़ा रहा? (संकेत : सचिन का उसे पहचान न पाना तब एक खबर बन गई थी।)

487. सन् 2007 में किस कंपनी ने कॉमिक बुक्स की एक नई सीरीज प्रारंभ करने के लिए सचिन पर आधारित 'मास्टर ब्लास्टर' नाम का एक नया

उत्तर के लिए कृपया पृष्ठ सं. 157 देखें।

20 वर्ष की आयु से पहले पाँच शतक

वह सबसे युवा टेस्ट शतकवीर बनने का अवसर भले ही चूक गए हों, लेकिन 20 वर्ष का होने से पहले सर्वाधिक टेस्ट शतक बनाने का रिकॉर्ड अभी भी मास्टर ब्लास्टर के नाम है। सचिन ने आयु के दो दशक पूरे करने से पहले पाँच शतक बनाए हैं, जो अपने आप में एक रिकॉर्ड है और उन्हें अपनी इस उपलब्धि पर गर्वित होने का पूरा अधिकार है। सन् 1990 में वह मैनचेस्टर में इंग्लैंड के विरुद्ध 119 रन बनाकर नॉट आउट रहे; सन् 1992 में सिडनी में ऑस्ट्रेलिया के विरुद्ध 148 नाबाद रन बनाए; सन् 1992 में पर्थ में ऑस्ट्रेलिया के विरुद्ध 144; 1992 में जोहानिसबर्ग में दक्षिण अफ्रीका के विरुद्ध 111 और सन् 1993 में चेन्नै में इंग्लैंड के विरुद्ध 165 रन बनाए।

उत्तर के लिए कृपया पृष्ठ सं. 157 देखें।

सुपर हीरो बनाया?

488. सचिन ऑस्ट्रेलिया की एक रियलिटी टेलीविजन सीरीज में दिखाई पड़े जिसका प्रसारण सन् 2008 में Fox8 चैनल पर किया गया और जिसका सह–निर्माण तथा वर्णन अभिनेता हुग जैकमैन द्वारा किया गया था। उस सीरीज का नाम बताएँ।

निद्राचर सचिन

सचिन ने अपने प्रतिद्वंद्वी गेंदबाजों को अनेक डरावने सपने दिए हैं। ऑस्ट्रेलिया के मशहूर लेग-स्पिन गेंदबाज शेन वार्न से पूछें और वह बताएगा कि कैसे। लेकिन बहुत लोगों को पता नहीं है कि मास्टर ब्लास्टर ने अपनी ही टीम के साथियों की भी रातों की नींद उड़ाई है। उन्होंने जब अपना अंतरराष्ट्रीय कैरियर आरंभ किया, वह नींद में उठकर चल देते थे और उनकी टीम के सदस्य तथा टीम मैनेजर सारी रात उनका पीछा करते थे।

489. सन् 2008 में सचिन ने राजनीतिज्ञ प्रणव मुखर्जी, गायिका आशा भोंसले, इन्फोसिस के मुख्य प्रणेता एन.आर. नारायण मूर्ति, होटल मालिक पी.आर.एस. ओबेरॉय और पर्वतारोही सर एडमंड हिलेरी (मृत्योपरांत) जैसे लब्धप्रतिष्ठ व्यक्तियों के साथ में कौन सा राष्ट्रीय पुरस्कार प्राप्त किया?

490. सन् 2008 में रतिप्रिया ट्रेडिंग कंपनी प्रा. लि. (अब इंडियन नविन स्पोर्ट्स) ने अपने किस स्पोर्टिंग उद्यम के लिए सचिन को अनुबंधित किया? (संकेत : वह कंपनी एक बड़े उद्योग समूह की सहायक कंपनी है।)

491. सन् 2009 में किस विश्वविख्यात संस्था ने (जो बेकर स्ट्रीट, लंदन में स्थापित है और वहीं उसका मुख्य कार्यालय है) 1,50,000 पाउंड की कीमत पर सचिन की मोम की प्रतिमा बनवाकर क्रिकेट की दुनिया में उनकी उपलब्धियों के लिए उन्हें सम्मानित किया?

उत्तर के लिए कृपया पृष्ठ सं. 157 देखें।

492. सन् 2009 में पूर्व निवेश बैंकर कार्ल फॉउलर द्वारा प्रारंभ की गई एक कंपनी ने सचिन पर कौन सी पुस्तक निकाली, जिसके 852 पृष्ठ हैं। हर पृष्ठ सोने में मढ़ा हुआ है। प्रत्येक पृष्ठ का आकार 50 सेंटीमीटर x 50 सेंटीमीटर है और पुस्तक का वजन 37 कि.ग्रा. है?

493. सन् 2009 में आदिदास (adidas) के साथ नए अनुबंध पर दस्तख़त करने से पहले सचिन ने करीब 10 वर्ष तक किस कंपनी के 'लोगो' को अपने बल्ले पर प्रदर्शित किया?

494. ब्रायन लारा ने एक एम.आर.एफ. विजार्ड बैट का इस्तेमाल किया, जबकि स्टीव वॉ ने एम.आर.एफ. चैंपियन का। उन बल्लों की सीरीज का क्या नाम है, जिनका प्रयोग सचिन ने दस साल तक किया?

495. सन् 2010 में सचिन को भारतीय वायु सेना का एक मानद रैंक प्रदान किया गया। आई.ए.एफ. द्वारा किसी पदवी से सम्मानित किए जानेवाले वह पहले खिलाड़ी हैं और एक ऐसी पहली शख्सियत जिसके पास इस तरह का सम्मान पाने के लिए विमान चलाने का कोई अनुभव नहीं है। वह पदवी क्या थी?

496. मई 2010 में सचिन किस प्रोफाइल आई.डी. के अंतर्गत माइक्रो ब्लॉगिंग साइट ट्विटर से जुड़े?

497. सचिन ने टूथपेस्ट के एक ब्रांड का सह-निर्माण किया। सन् 2010 में फ्यूचर ग्रुप द्वारा उस टूथपेस्ट का उत्पादन शुरू किया गया। उसका नाम बताएँ।

498. सन् 2010 में सचिन ने 'पानी बचाओ' (सेव वाटर) नामक एक अभियान में हिस्सा लिया। वे किस संगठन के साथ जुड़े हुए थे?

सचिन के 199

पूर्व भारतीय कप्तान मोहम्मद अजहरुद्दीन एकमात्र ऐसे अभागे भारतीय क्रिकेट खिलाड़ी हैं, जो अंतरराष्ट्रीय क्रिकेट में 199 रन पर

उत्तर के लिए कृपया पृष्ठ सं. 157 व 158 देखें।

आउट हो गए थे। सचिन भी 1 रन से दोहरा शतक चूक जाने की पीड़ा का अनुभव कर चुके हैं, लेकिन अंतरराष्ट्रीय क्रिकेट में नहीं। सन् 2001 में पुणे के नेहरू स्टेडियम में पूर्वी क्षेत्र के खिलाफ दलीप ट्रॉफी के एक मैच में पश्चिमी क्षेत्र के इस क्रिकेट खिलाड़ी ने विपक्ष की गेंदों को दनादन पीटते हुए 199 रन बना लिए थे कि तभी उड़ीसा के पूर्व ऑल-राउंडर संजय राउत ने सचिन को चलता कर दिया और उनके दोहरे शतक में 1 रन की कमी रह गई।

499. सचिन का घनिष्ठ मित्र होने के नाते किस विख्यात फोटोग्राफर ने मास्टर ब्लास्टर को ट्विटर से जुड़ने के लिए राजी करने में महत्त्वपूर्ण भूमिका निभाई ?

500. 11 मार्च, 2010 को संयुक्त राष्ट्र के एक विभाग के लिए सचिन को एक सद्भावना दूत का नाम दिया गया था। यू.एन. का वह कौन सा विभाग था।

501. सन् 2000 में सचिन ने अपने कैरियर में पहली बार एक आई.सी.सी. पुरस्कार जीता। मास्टर ब्लास्टर ने बंगलौर में आयोजित सन् 2010 आई.सी.सी. अवार्ड्स में कौन से दो पुरस्कार जीते ?

□

उत्तर के लिए कृपया पृष्ठ सं. 158 देखें।

उत्तरमाला

परिवार से संबंधित बातें

1. 24 अप्रैल, 1973
2. रमेश तेंदुलकर और रजनी तेंदुलकर
3. भाई नितिन एवं अजीत तेंदुलकर और बहन सविता
4. सचिन देव बर्मन
5. वृष राशि
6. कीर्ति कॉलेज
7. सिद्धार्थ कॉलेज
8. भारतीय जीवन बीमा निगम
9. राजापुर सारस्वत ब्राह्मण
10. बांद्रा ईस्ट में भारतीय शिक्षा समिति का नवीन अंग्रेजी स्कूल
11. शारदाश्रम विद्या मंदिर
12. साहित्य सहवास
13. लामेर बिल्डिंग
14. दोराब विला
15. अजीत तेंदुलकर
16. अंजलि मेहता
17. सन् 1990 में भारत का इंग्लैंड दौरा; 17 वर्ष
18. 24 मई, 1995
19. वह डॉक्टर हैं।
20. बाल रोग चिकित्सा (पीडियॉट्रिक्स)
21. ज्वेल ऑफ इंडिया, नेहरू सेंटर, वर्ली; मुंबई
22. 22 वर्ष
23. 4 वर्ष
24. जे.जे. अस्पताल, मुंबई
25. जे.जे. अस्पताल, मुंबई
26. आनंद मेहता
27. ब्रिज
28. अन्नाबेल मेहता
29. अपनालय
30. सारा और अर्जुन तेंदुलकर
31. 12 अक्तूबर, 1997
32. टोरंटो में सन् 1997 का सहारा कप

33. 24 सितंबर, 1999
34. धीरूभाई अंबानी इंटरनेशनल स्कूल
35. एम.आई.जी. क्लब
36. यू-13 केडेंसी ट्रॉफी
37. सारा तेंदुलकर
38. सचिन के पिता प्रो. रमेश तेंदुलकर
39. अजीत तेंदुलकर
40. कीर्ति कॉलेज

प्रारंभिक दौर

41. रमाकांत अचरेकर
42. 11 वर्ष
43. गाइल्स शील्ड
44. एम.आर.एफ. पेस अकादमी, चेन्नै
45. यंग पारसी क्रिकेट क्लब
46. सुनील गावस्कर
47. दिलीप वेंगसरकर
48. डेनिस लिली
49. सुनील गावस्कर
50. अत्यधिक हलके पैड, जो सुनील गावस्कर ने दिए थे
51. सौरव गांगुली
52. डॉन बास्को स्कूल, माटुंगा
53. महाराष्ट्र
54. हैरिस शील्ड
55. केवल एक बार
56. राहुल द्रविड़
57. 102.5
58. सेंट जेवियर्स, फोर्ट
59. 326 नॉट आउट
60. अंजुमन-ए-इस्लाम
61. सईराज बहुतुले
62. अमोल मजूमदार
63. विनोद कांबली
64. सचिन तेंदुलकर
65. ससेनियन क्रिकेट क्लब
66. मोहम्मद शाहबाज तुंबी और बी. मनोज कुमार
67. राज सिंह डूँगरपुर
68. 14 वर्ष
69. गुजरात
70. लालचंद राजपूत
71. दिल्ली
72. गुरशरण सिंह
73. टॉम आल्टर
74. 583 रन
75. एक (1)
76. छह (6)
77. ईस्ट जोन
78. दिलीप वेंगसरकर
79. अंडर-17 स्पोर्टस्टार ट्रॉफी
80. सुनील गावस्कर

अग्नि-परीक्षा

81. पाकिस्तान

82. राज सिंह डूँगरपुर
83. नेशनल स्टेडियम, कराची
84. सलिल अंकोला
85. कृष्णामाचारी श्रीकांत
86. नं. 6
87. शाहिद सईद और वकार यूनुस
88. 24 गेंदों में 15 रन
89. वकार यूनुस
90. इमरान खान
91. वकार यूनुस
92. 16 वर्ष 205 दिन
93. कपिल देव
94. मोहम्मद अजहरुद्दीन
95. पाकिस्तान (1989 में इकबाल स्टेडियम, फैसलाबाद में 172 गेंदों में 59 रन)
96. संजय मांजरेकर
97. मोहम्मद अजहरुद्दीन
98. मुश्ताक मोहम्मद (15 वर्ष 124 दिन) और आकिब जावेद (16 वर्ष 189 दिन)
99. पाकिस्तान का आफताब बलोच
100. वसीम अकरम, फैसलाबाद में।
101. नवजोत सिंह सिद्धू
102. जिन्ना स्टेडियम, सियालकोट, पाकिस्तान
103. वकार यूनुस
104. पाकिस्तान
105. म्युनिसिपल स्टेडियम, गुजराँवाला
106. रमन लांबा
107. आकिब जावेद (16 वर्ष 127 दिन)
108. शून्य (0 रन)
109. सलिल अंकोला और विवेक राजदान
110. वकार यूनुस
111. अरबाज नियाज स्टेडियम, पेशावर, पाकिस्तान
112. 18 गेंदों पर 53 रन
113. अब्दुल कादिर
114. लक्ष्मण शिवरामकृष्णन
115. मनिंदर सिंह (17 वर्ष और 222 दिन)
116. पीयूष चावला (17 वर्ष और 75 दिन)
117. न्यूजीलैंड
118. न्यूजीलैंड (लैंकास्टर पार्क, क्राइस्ट चर्च में)
119. डैनी मॉरिसन
120. न्यूजीलैंड (1989 में नेपियर में)
121. डैनी मॉरिसन
122. जॉन राइट
123. किरण मोरे
124. 10 रन
125. रवि शास्त्री
126. एलन लैंब
127. ओल्ड ट्रैफर्ड, मैनचेस्टर
128. 17 वर्ष 112 दिन
129. 30 दिन

130. 119 नॉट आउट
131. मनोज प्रभाकर
132. मोहम्मद अजहरुद्दीन
133. अनिल कुंबले
134. ऐड्डी हेमिंग्स
135. शेन थॉम्सन
136. न्यूजीलैंड
137. क्राइस्ट चर्च में ऑस्ट्रेलिया (सन् 1989-90 में न्यूजीलैंड में त्रिकोणीय शृंखला के दूसरे मैच में)
138. सनत जयसूर्या
139. श्रीलंका (सन् 1990 में शारजाह में ऑस्टूल-एशिया कप में)
140. ऐड्डी हेमिंग्स
141. 1 ओवर, 0 मेडन, कोई विकेट नहीं।
142. श्रीलंका
143. 10 टेस्ट
144. 11 रन
145. सन् 1990 में श्रीलंका
146. सेक्टर 16 स्टेडियम, चंडीगढ़
147. रोशन महानामा
148. श्रीलंका
149. श्रीलंका (सन् 1990 में, पुणे में)
150. 53 रन

खेल को नई दिशा देनेवाला

महान् खिलाड़ी

151. पाकिस्तान
152. सन् 1991/92 में शारजाह में भारत और पाकिस्तान के बीच विल्स ट्रॉफी का दूसरा मैच
153. वेस्टइंडीज
154. सलीम मलिक की गेंदबाजी
155. आकिब जावेद
156. दक्षिण अफ्रीका से मुश्ताक अहमद
157. एलन डोनाल्ड
158. वेस्टइंडीज
159. एंडरसन क्यूमिंस
160. बेलराइव ओवल, होबार्ट
161. संजय मांजरेकर
162. केप्लर वेसल्स
163. प्रवीण आमरे
164. सौरव गांगुली
165. स्टीव वॉ
166. माइक व्हिनी
167. सन् 1992 में इंग्लैंड
168. इयान बॉथम
169. पाकिस्तान (सन् 1992 के विश्व कप में 54 रन नॉट आउट)
170. पाकिस्तान (सन् 1992)
171. आमिर सोहेल
172. हेमिल्टन में जिंबाब्वे
173. जिंबाब्वे

174. न्यूजीलैंड
175. रैंड्जेसकॉन्टेन में निकी ऑपेंहाइमर्स XI
176. सिडनी
177. रवि शास्त्री
178. शेन वार्न
179. डब्ल्यू.ए.सी.ए. ग्राउंड, पर्थ
180. किरन मोरे
181. जॉन ट्राइकोस
182. किंग्समीड, डरबन
183. कार्ल लाइब्रेंबर्ग
184. रवि शास्त्री
185. साइरिल मिचले
186. जिम्मी कुक
187. ओमर हेनरी
188. प्रवीण आमरे
189. न्यू वांडरर्स स्टेडियम, जोहानिसबर्ग
190. साउथ अफ्रीका
191. कपिल देव (सन् 1979-80 में 21 वर्ष 27 दिन)
192. हैंसी क्रॉनिए
193. यार्कशायर काउंटी क्रिकेट क्लब
194. केंट
195. 107 रन
196. मार्टिन मॉक्सॅन
197. यार्कशायर टेलीविजन
198. लंकाशायर
199. क्रेग मैक्ड्रपॅट
200. क्रेग व्हाइट (क्योंकि वह ऑस्ट्रेलिया में विक्टोरिया के लिए पहले ही खेल चुका था।)

शिखर की ओर बढ़ते कदम

201. इंग्लैंड
202. 165 रन
203. विनोद कांबली
204. विनोद कांबली
205. पी. सारा स्टेडियम, कोलंबो में सन् 1993-94 की भारत बनाम श्रीलंका शृंखला का तीसरा टेस्ट
206. विनोद कांबली
207. श्रीलंका
208. साउथ अफ्रीका
209. 6 रन
210. 3 रन
211. फेनी डी-विलियर्स
212. ब्रायन मैकमिलन
213. 28 नॉट आउट
214. ब्रायन लारा
215. हीथ स्ट्रीक
216. के.डी. सिंह बाबू स्टेडियम, लखनऊ
217. एम. चिन्नास्वामी स्टेडियम, बंगलौर
218. 96 रन
219. नवजोत सिंह सिद्धू (99 रन)
220. डॉन अनुरसिरी
221. मोहम्मद अजहरुद्दीन

222. कपिल देव ने रिचर्ड हेडली का सर्वाधिक टेस्ट विकेट लेने का रिकॉर्ड तोड़ा
223. न्यूजीलैंड
224. ट्रस्ट बैंक पार्क, हेमिल्टन
225. श्रीलंका
226. नयन मोंगिया
227. गांधी स्टेडियम, जालंधर
228. सन् 1994 में न्यूजीलैंड के विरुद्ध दूसरा एकदिवसीय
229. ईडन पार्क, ऑकलैंड
230. 49 गेंदों में 82 रन
231. अजय जडेजा
232. नवजोत सिंह सिद्धू
233. मैथ्यू हर्ट
234. बेसिन रिजर्व, वैलिंग्टन
235. सं.अ. अमीरात
236. सुलतान जरवानी
237. 78 एकदिवसीय मैच
238. ऑस्ट्रेलिया
239. आर. प्रेमदासा स्टेडियम, कोलंबो
240. 130 गेंदों में 110 रन
241. क्रेन मैक्डरमॅट
242. शेन वार्न
243. मनोज प्रभाकर
244. न्यूजीलैंड (आई.पी.सी.एल. ग्राउंड, वडोदरा में 115)
245. न्यूजीलैंड और वेस्टइंडीज
246. वेस्टइंडीज
247. कोर्टनी वाल्श
248. गैरी कर्सटन
249. श्रीलंका
250. न्यूजीलैंड

महाधिपति

251. 127 रन
252. केन्या
253. अजय जडेजा
254. वेस्टइंडीज
255. कर्टनी ब्राउन
256. वानखेड़े स्टेडियम, मुंबई
257. मार्क वॉ
258. श्रीलंका
259. हीथ स्ट्रीक
260. अताउर रहमान
261. सनत जयसूर्या
262. दि पदंग, सिंगापुर
263. पाकिस्तान
264. नवजोत सिंह सिद्धू
265. ऐजबेस्टन, बर्मिंघम
266. सौरव गांगुली
267. ट्रेंट ब्रिज, नॉटिंघम
268. पीटर मेक्लिंटायर
269. नयन मोंगिया
270. टोरंटो, स्केटिंग और कर्लिंग क्लब,

टोरंटो
271. फिरोजशाह कोटला स्टेडियम में ऑस्ट्रेलिया के विरुद्ध
272. आर. प्रेमदासा स्टेडियम, कोलंबो में श्रीलंका के विरुद्ध
273. दक्षिण अफ्रीका
274. 138 गेंदों में 110 रन
275. सौरव गांगुली
276. कपिल देव (23 वर्ष और 249 दिन)
277. 169 रन
278. आदम बचेर
279. राहुल द्रविड़
280. 97 गेंदों में 104 रन
281. किंग्समीड, डरबन
282. किंग्समीड, ओवल, ब्रिजटाउन, बारबाडोस
283. इआन बिशप
284. 143 रन
285. मोहम्मद अजहरुद्दीन
286. नीलेश कुलकर्णी
287. श्रीलंका
288. क्वींस पार्क, ओवल; पोर्ट ऑफ स्पेन, ट्रिनिडाड
289. सौरव गांगुली
290. सईद अनवर, 194 रन बना चुकने के बाद
291. श्रीलंका
292. सौरव गांगुली
293. सबा करीम
294. मैथ्यू फ्लेमिंग
295. श्रीलंका
296. नेहरू स्टेडियम, इंदौर
297. श्रीलंका के साथ शृंखला
298. मोहम्मद अजहरुद्दीन
299. पाकिस्तान
300. इंजमाम-उल-हक
301. एक एकदिवसीय पारी में 4 कैच
302. पाकिस्तान
303. एकदिवसीय अंतरराष्ट्रीय मैचों में 6,000 रन पूरे करनेवाले वह सबसे युवा खिलाड़ी बने।
304. 24 वर्ष और 265 दिन
305. शेन वार्न
306. एम.ए. चिदंबरम स्टेडियम, चेन्नै
307. एम. चिन्नास्वामी स्टेडियम, बंगलौर
308. 32 रन देकर 5 विकेट
309. ऑस्ट्रेलिया
310. दो बार
311. नेहरू स्टेडियम, कोच्चि
312. ग्रीन पार्क, कानपुर
313. 131 गेंदों में 143 रन
314. 131 गेंदों में 134 रन
315. केन्या
316. कुमार धर्मसेना
317. श्रीलंका
318. डेसमंड हेंस

319. सौरव गांगुली
320. वह एकदिवसीय अंतरराष्ट्रीय मैचों में 7,000 रन का आँकड़ा पार करनेवाले दूसरे भारतीय खिलाड़ी कहलाए।
321. कुआलालंपुर में आयोजित सन् 1998 का कॉमनवेल्थ गेम्स
322. जिंबाब्वे, बुलावायो में।
323. म्लूलेकी एनकला
324. नील जॉनसन
325. ऑस्ट्रेलिया
326. 141 रन
327. सर्वकालीन अग्रणी शतक-निर्माता—कुल 36 शतक (20 शतक एकदिवसीय में और 16 शतक टेस्ट मैचों में)।
328. बेसिन रिजर्व, वेलिंगटन
329. ऑस्ट्रेलिया
330. जिंबाब्वे
331. पाकिस्तान
332. सकलैन मुश्ताक
333. यूसुफ योहाना (मोहम्मद यूसुफ)
334. शोएब अख्तर
335. तीसरा रन लेने की कोशिश में अपना बल्ला जमीन से लगाते हुए शोएब अख्तर से टकराने के बाद रन आउट।
336. टेस्ट मैचों में 5,000 रन
337. लेसेस्टर में भारत और जिंबाब्वे का मुकाबला
338. केन्या
339. यह उनका पहला एकदिवसीय शतक था, जब वह प्रारंभिक बल्लेबाज नहीं थे।
340. ग्लेन मैक्ग्रेथ
341. उन्होंने 8,000 एकदिवसीय अंतरराष्ट्रीय रन पूरे कर लिये।
342. श्रीलंका
343. सद्गोपन रमेश
344. न्यूजीलैंड
345. पंजाब क्रिकेट एसोसिएशन स्टेडियम, मोहाली, चंडीगढ़
346. न्यूजीलैंड
347. न्यूजीलैंड
348. लाल बहादुर शास्त्री स्टेडियम, हैदराबाद, भारत
349. राहुल द्रविड़
350. मेलबोर्न क्रिकेट ग्राउंड

सपनों का शिकारी

351. वी.वी.एस. लक्ष्मण
352. दक्षिण अफ्रीका
353. टेस्ट मैचों में 6,000 रन पूरे करनेवाला सबसे युवा क्रिकेट-खिलाड़ी बना।
354. सौरव गांगुली
355. कपिल देव

356. दक्षिण अफ्रीका
357. मोहम्मद अजहरुद्दीन
358. 93 रन
359. मोहम्मद अजहरुद्दीन
360. सईद अनवर
361. राहुल द्रविड़
362. डेसमंड हेंस
363. नईमुर रहमान
364. जिंबाब्वे
365. डेसमंड हेंस
366. एडम गिलक्रिस्ट और शेन वार्न
367. नेहरू स्टेडियम, इंदौर
368. ऑस्ट्रेलिया
369. ऑस्ट्रेलिया
370. स्टीव वॉ
371. दिलीप वेंगसरकर
372. वेस्टइंडीज
373. गोर्डन ग्रीनिज और डेसमंड हेंस
374. उनका अपना रिकॉर्ड
375. डेविड गॉवर (31 वर्ष की उम्र में)
376. वीरेंद्र सहवाग
377. माइक डेनेस
378. क्रूसेडर्स ग्राउंड, सेंट जॉर्ज पार्क, पोर्ट एलिजाबेथ में दूसरा टेस्ट
379. हर्शल गिब्स
380. 89 टेस्ट खेल चुकने के बाद वह पहली बार स्टंप हुए।
381. वीरेंद्र सहवाग
382. अनिल कुंबले
383. इंग्लैंड
384. संजय बाँगर
385. वेस्टइंडीज
386. इंगलैंड
387. हेडिंग्ले, लीड्स
388. केनिंगटन, ओवल, लंदन
389. वेस्टइंडीज
390. वेस्टइंडीज
391. द नीदरलैंड्स
392. नामीबिया
393. रुडोल्फ वान वूरेन
394. 75 गेंदों में 98 रन
395. शोएब अख्तर
396. डेरिल टफे
397. 4 रन
398. ग्लेन मैक्ग्रेथ
399. वी.वी.एस. लक्ष्मण
400. ब्रेट ली

कीर्ति-पुरुष

401. सिडनी क्रिकेट ग्राउंड
402. स्टीव वॉ
403. टेस्ट क्रिकेट में 9,000 रन पूरे
404. पाकिस्तान (मुलतान में)
405. रावलपिंडी क्रिकेट स्टेडियम
406. राहुल द्रविड़

407. आसिम सईद
408. बँगलादेश
409. बँगलादेश
410. ईडन गार्डन, कोलकाता
411. पाकिस्तान
412. श्रीलंका
413. फिरोजशाह कोटला, दिल्ली
414. मोंटी पनेसर
415. कपिल देव
416. वेस्टइंडीज
417. मार्क बेंसन
418. एक
419. एम. ए. चिदंबरम स्टेडियम, चेन्नै
420. न्यू वांडरर्स स्टेडियम, जोहानसबर्ग में दक्षिण अफ्रीका के विरुद्ध
421. 10 रन
422. जस्टिन केंप
423. वीरेंद्र सहवाग
424. वानखेड़े स्टेडियम, मुंबई
425. वसीम जाफर

अद्वितीय खिलाड़ी का पुनरुत्थान

426. दक्षिण अफ्रीका
427. वेस्टइंडीज
428. बरमुडा
429. आयरलैंड
430. दक्षिण अफ्रीका
431. तीन बार
432. दक्षिण अफ्रीका
433. मीरपुर में बँगलादेश के विरुद्ध
434. इंग्लैंड (ट्रेंट ब्रिज, नॉटिंघम में)
435. उमर गुल
436. सिडनी क्रिकेट ग्राउंड
437. हरभजन सिंह
438. ब्रेट ली
439. श्रीलंका
440. 117 नॉट आउट
441. रॉबिन उथप्पा
442. इंगलैंड
443. ऑस्ट्रेलिया
444. सेडॉन पार्क, हैमिल्टन में न्यूजीलैंड के विरुद्ध
445. न्यूजीलैंड
446. 59 गेंदों में 89 रन नॉट आउट
447. राजीव गांधी इंटरनेशनल स्टेडियम, उप्पल, हैदराबाद
448. श्रीलंका
449. दक्षिण अफ्रीका
450. महेंद्र सिंह धोनी

सीमा के पार

451. सनग्रेस मफतलाल·
452. बूस्ट
453. बैंड-एड
454. पॉवर
455. सन् 1998 में अपनी पुत्री के पहले जन्मदिन पर
456. अर्जुन पुरस्कार
457. वर्ल्ड टेल
458. 30 करोड़ रुपए
459. मार्क मस्करेनहास
460. राजीव गांधी खेल रत्न
461. विजडन क्रिकेटर ऑफ दि ईयर लिस्ट
462. सनत जयसूर्या, मुश्ताक अहमद, सईद अनवर और फिल साइमंस
463. सर डॉन ब्रैडमैन
464. 90वाँ जन्मदिन
465. शेन वार्न
466. 'टाइम' पत्रिका
467. बॉम्बे बॉम्बर
468. डिएगो माराडोना
469. सचिन का पुत्र अर्जुन, जिसका जन्म टेस्ट से कुछ दिनों पहले हुआ था।
470. कॉरपोरेशन बैंक
471. डॉ. केन केनेडी
472. पाकिस्तान
473. ब्रैडमेंस इलेविन (पेरी सर डॉन ब्रैडमैन का जीवनी लेखक था)
474. वर्ल्ड टेल
475. तेंदुलकर
476. सचिन
477. बंगलौर
478. स्टंप्ड (2003)
479. डैनी बॉयले की 'स्लमडॉग मिलियनेयर' (2008)
480. फेरारी 360 मॉडेना
481. जसवंत सिंह
482. आइकॉनिक्स
483. 'टाइम' पत्रिका
484. टेनिस एलबो
485. डॉ. एंड्रयू वैलेस
486. डेनियल रेडक्लिफ
487. वर्जिन कॉमिक्स
488. ऐन ऑसी गोजबॉली (2008)
489. पद्म विभूषण
490. मुंबई इंडियन्स
491. मैडम तुसाद
492. तेंदुलकर ओपस
493. एम.आर.एफ.
494. एम.आर.एफ. जीनियस
495. ग्रुप कैप्टेन

496. Sachin_rt

497. सैच

498. बृहन्मुंबई महानगरपालिका

499. अतुल कस्बेकर

500. संयुक्त राष्ट्र पर्यावरण कार्यक्रम (यूनाइटेड नेशंस एनवायरनमेंट प्रोग्राम)

501. 'सर गारफील्ड सोबर्स ट्रॉफी फॉर क्रिकेटर ऑफ दि ईयर' और पहला-पहला 'पीपुल्स चॉइस अवार्ड'

□

नवीनतम उपलब्धियाँ

1. आई.पी.एल. 2012 में सचिन ने 66 गेंदों में नाबाद 100 रन बनाते हुए अपना पहला ट्वेंटी-ट्वेंटी शतक 'कोच्चि टस्कर्स केरल' के विरुद्ध बनाया था।
2. मई 2012 को सचिन राज्यसभा सांसद के रूप में मनोनीत किए गए और 4 जून को उन्होंने इसकी शपथ ली। संसद् के उच्च सदन में उनकी सीट संख्या 103 है।
3. 6 मार्च, 2012 को सचिन ने एशिया कप के चौथे मैच में बँगलादेश के विरुद्ध मीरपुर में अपना सौवाँ शतक बनाया। सचिन ने जब यह शतक बनाया, उस समय गेंदबाज शाकिब हसन थे।
4. बँगलादेश के विरुद्ध मीरपुर में जब सचिन ने अपना सौवाँ शतक लगाया था, तो उन्होंने एक अन्य विश्व रिकॉर्ड भी बनाया था। वह रिकॉर्ड था—एक दिवसीय अंतरराष्ट्रीय मैचों में 2000 चौके लगानेवाले पहले बल्लेबाज बनने का।
5. सचिन को दो विश्वविद्यालयों—'मैसूर विश्वविद्यालय' तथा 'राजीव गांधी स्वास्थ्य विज्ञान विश्वविद्यालय'—से डॉक्टरेट की मानद उपाधि मिली है।
6. सचिन 'सूचना प्रौद्योगिकी संसदीय पैनल' के सदस्य हैं।

□□□